MAYORMENTE
LO QUE
DIOS HACE

MAYORMENTE LO QUE DIOS HACE

Reflexiones sobre buscar y encontrar
su amor en todo lugar

SAVANNAH GUTHRIE

ORIGEN

Penguin
Random House
Grupo Editorial

Título original: *Mostly What God Does:*
Reflections on Seeking and Finding His Love Everywhere

Primera edición: enero de 2025

Esta edición es publicada bajo acuerdo con
W. Publishing, una división de Thomas Nelson, USA.
Todos los derechos reservados.

Traducción: María José Hooft

Impreso en Colombia/ *Printed* in Colombia

ISBN: 979-8-89098-208-7

25 26 27 28 29   10 9 8 7 6 5 4 3 2 1

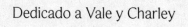

Dedicado a Vale y Charley

CONTENIDO

PRÓLOGO

Adelante. Esa es una buena palabra. Me sorprende estar escribiendo un libro, bueno, sobre cualquier cosa, ni qué hablar de la fe. Es un poco… presuntuoso, un poco atrevido, un poco audaz, un poco aterrador y un poco intimidante.

Pero esta ni siquiera es la forma correcta de hacerlo. «Los prólogos están al comienzo de un libro y los escribe otra persona», me informó amablemente mi editor, y lo borró.

¡Obvio! ¡Uno no escribe su propio prólogo! ¡No cuando sabes del tema!

Bien. Adelante.

En Washington, D. C. donde viví y trabajé como reportera durante muchos años, es común oír una vieja broma, una frase divertida, cuando se acerca el final de una audiencia en el Congreso o en una de esas cenas políticas «para la foto», caracterizadas por el pollo y vasos sin fondo de chardonnay bien dulce. La tarde se va haciendo larga y la energía va decayendo, o el día largo se va convirtiendo en una noche aún más larga, y se le pasa la hora de dormir a una ciudad que *quiere* dormir. Y, sin embargo, continúan pasando uno por uno, orador tras orador, discurso tras discurso, ya sin inspiración. En la capital de la nación, si tienes un turno en el estrado o en el podio, no lo dejas pasar ni tomas un milisegundo menos del tiempo asignado, sin importar cuán impaciente u hostil pueda ponerse la audiencia.

Allí es cuando oyes esta frase. La pobre persona programada para hablar de última se pasea hasta el micrófono y con una risa fingida, con consciencia de sí mismo, dice: «Bien, ya se ha dicho todo, pero no todos lo han dicho». Todos se ríen. Muchas, muchas risas desesperadas, para luego volver a los discursos preparados, sin abreviar nada en absoluto.

Recordé esa frase mientras emprendía este proyecto. Ya se ha dicho todo acerca de la fe, pero yo no lo he dicho. Entonces, ¿qué podría agregar? ¿Qué podría decir que ya no se haya expresado mejor, de forma más fluida, más profunda, más original o convincente? ¿Qué calificaciones o experiencias tengo? No soy una erudita religiosa ni una historiadora, no hablo ninguna lengua antigua ni fui a un seminario (a menos que la escuela bíblica de vacaciones cuente como tal). No tengo ningún conocimiento especial.

En la iglesia, mi pastor siempre se disculpa cuando cuenta a la congregación alguna historia personal o anécdota que sabe que ya contó antes.

—¡Lo siento! —dice tímidamente— ¡Solo tengo esta vida!

De alguna manera, siento lo mismo. Solo tengo esta vida y, sin dudas, no es un ejemplo para seguir ni un monumento a la rectitud o a la fe. Solo es la vida de una persona que ha sentido el amor de Dios y que ha sido salvada por este, una y otra vez.

Me gusta hablarle a la gente acerca del Dios que conozco. Ese Dios que apoya su mano suavemente en mi hombro, cuya presencia puedo sentir delante y detrás de mí cuando estoy bajo presión. Ese cuyo empujón insistente, pero amable, puede ponerme en perspectiva, cuya tolerancia y ternura me convencen de cambiar. Ese que me sorprende y me deleita con la imaginación de su creación y el potencial hermoso de su humanidad. Ese cuyas revelaciones despiertan mi intelecto y encienden mis pasiones y mi propósito. Ese que me derrite con su favor inesperado y su generosidad inmerecida. Ese que me sostiene firme e intencionalmente cuando el peso de mis decepciones y derrotas amenazan con aplastarme.

Me gusta hablarle a la gente acerca de ese Dios que conozco y contarles esta historia. Bueno, al igual que un político en aquella cena interminable, no voy a dejar pasar mi momento en el micrófono.

Cuando comencé a pensar en este libro, una frase de mi infancia vino a mi cabeza de forma extraña y persistente: *Seis piezas fáciles*, era un recuerdo de mis clases de piano, un folleto antiguo y amarillento con partituras de seis clásicos que estaba guardado en el banco del piano entre pilas de libros y papeles. Fue un recuerdo nebuloso, ni siquiera estaba segura de recordarlo correctamente o de si había existido en realidad. *Seis piezas fáciles*, solo me gustaba cómo sonaba. Fácil e intrigante a la vez.

> Me gusta hablarle a la gente acerca del Dios que conozco.

Una búsqueda en internet confirmó el recuerdo del libro de piano. Pero entonces, como Alicia, me introduje en la madriguera de Google y descubrí algo más: existe un libro famoso titulado *Seis piezas fáciles: La física explicada por un genio.*[1]

Oh, ¿no lo conoces? ¿Los fundamentos de la física explicada por un genio? Quizás, al igual que yo, ¡te has atrasado con tus manuales de ciencias!

Eso me hizo pensar. ¿Cuáles son los fundamentos de la fe? Si la fe pudiera dividirse en seis piezas fáciles, ¿cuáles serían esos componentes básicos? ¿Cuáles son los seis aspectos fundamentales de una conexión con Dios? Esto es lo que se me ocurrió:

Amor.

Presencia.

Alabanza.

Gracia.

Esperanza.

Propósito.

Estas seis piezas no tan simples son mi mapa de ruta para este proyecto: una colección de reflexiones y una especie de manual espiritual. Nunca he hecho esto y voy a ir avanzando junto contigo. ¡Esto es para nosotros! Tal vez tú estés lleno de fe, tal vez seas un curioso de la fe, tal vez estés falto de fe o aún estés herido por la religiosidad tóxica de tu pasado. Tal vez creíste que estabas comprando los recuerdos escandalosos de aventuras en el periodismo y las leyes (¡perdón!). Sea como sea, ven, así como estés.

Cada noche, cuando acuesto a mis hijos, tenemos un ritual. Es la rutina habitual: bañarse, cepillarse los dientes, leer un libro, (discutir) y acostarse. Justo antes de apagar las luces, mi esposo o yo nos acostamos junto a ellos, oramos, y luego decimos: «Treinta segundos… comenzando ya».

Treinta segundos de silencio. Acostados juntos. En el mejor de los casos, los niños se quedan dormidos y yo salgo del cuarto en puntillas. Por lo general, comienzan a parlotear («Mamá, ¿qué planes hay para mañana?») y tengo que volver a contar los treinta segundos.

Solo que la rutina está pensada para tener un simple momento de unión en silencio. Treinta segundos de espacio. Eso es lo que me imagino para nosotros al final de cada capítulo a medida que avanzamos juntos en este camino.

En mi imaginación, este libro estará junto a tu cama, lo leerás en la mañana tomando un café o, tal vez, por la noche justo antes de dormir. Y… no está pensado para leer. Luego de cada capítulo, encontrarás una página en blanco: está pensada para que escribas en ella (si puedes, por supuesto). Esa página está vacía para recordarnos que debemos reunirnos con todos los pensamientos que surjan en nuestro interior.

Un espacio en blanco. Silencio. Vacío. Aquí es donde Dios tiene más oportunidades de hacer lo suyo.

(En caso de que te lo estés preguntando, lo suyo es conectar con nosotros).

También imagino que este libro se leerá despacio, no todo de una sola vez. Un texto por aquí y por allá. Imagino que, tal vez, lees un capítulo, dejas pasar un tiempo, piensas en él, lees otro. Ni siquiera tienes que comenzar por el principio. Comienza por el final, hazlo como quieras. Comienza por el medio y luego regresa al principio. No hay un orden correcto. Hasta podrías tirarlo al piso, recogerlo en donde sea que se haya abierto y comenzar a leerlo allí. No intento ser una controladora excesiva. Este es tu libro, tú lo compraste (¡gracias!), así que hazlo a tu manera. Solo tengo el presentimiento de que será más significativo si su lectura se extiende lentamente en el tiempo.

Suficiente preámbulo. Gracias por elegir este libro y confiar en mí. No tengo más que mi curiosidad y un corazón receptivo. Estoy abierta a lo que Dios me diga y quiera que comparta contigo. Estoy lista para ser sorprendida y disfrutar.

Dios no nos decepcionará.

Adelante.

MAYORMENTE
LO QUE
DIOS HACE

PARTE 1

AMOR

CAPÍTULO 1

TODO MI AMOR

C uando tenía cincuenta y un años, me hice mi primer tatuaje. Nunca creí que me haría un tatuaje; definitivamente nunca me vi como una persona de tatuajes, lo que sea que eso signifique. Y, yendo más al punto, durante gran parte de mi vida, no sentí nada tan fuerte como para marcarlo en mi cuerpo de forma permanente. Incluso después de tener hijos (sin dudas el amor humano más profundo y atemporal que podría imaginar), nunca consideré tatuarme sus iniciales en mi brazo, en mi tobillo o en mi espalda (ni en el cuello o en el rostro). Soy el tipo de persona que selecciona un producto en Amazon y luego frenéticamente procede a cancelar todo antes de continuar con la compra.

Sin embargo, aquí estoy, escribiendo con una mano cuyo brazo tiene un tatuaje. Tres simples palabras: «Todo mi amor». Es una copia exacta de la escritura a mano de mi padre, la tomé de una carta de amor que le escribió a mi madre cuando la cortejaba hace seis décadas. Mi mamá descubrió la carta cuando nació mi hijo. Estaba decidida a llamarlo como mi padre, quien falleció repentinamente cuando yo tenía dieciséis. El nombre de mi padre era Charles, pero todos le decían Charley. ¿O se escribía Charlie? Por más que lo intenté, no pude recordar cómo se escribía su apodo. Aún puedo ver su firma escrita en cheques o facturas, pero lo que recuerdo es formal: «Charles E. Guthrie» o a veces «Chas. E. Guthrie». Nunca firmaba ese tipo de cosas con su apodo.

Así las cosas, la forma en que se escribía era un gran motivo de debate en mi familia (y era importante) porque yo planeaba que mi segundo hijo, el niño, se llamara como el apodo. Con la fecha de parto aproximándose, mi mamá consiguió la evidencia al desenterrar una carta de alguna caja escondida al fondo del armario que, de alguna manera, milagrosamente, no la habíamos atacado cuando éramos niñas ni arrojado a la basura en alguna jornada irritante de limpieza. Ella no me mostró el contenido de la carta, pero cuando mi hijo nació, superpuso la firma en una foto de mi padre, y allí estaba: «Todo mi amor. Charley».

«Todo mi amor». Ese es un vínculo con mi padre y un mantra personal para mirar y vivir a la altura (es una actitud para la vida diaria). Pero lo más importante es que es un compendio de lo que todos mis años me han enseñado acerca de la fe. Todo mi amor. Imagina esas palabras en la boca de nuestro Padre del cielo; para mí, es la descripción más simple y directa de su ambición para nuestro mundo y sus intenciones hacia nosotros.

Puede parecer algo descartable, una frase superficial casi como una calcomanía para el carro o un comentario en Instagram, o peor, un saludo despreocupado al intentar cortar el teléfono («me voy, te amo, adiós»). Todo lo que sé es que me tomó mucho tiempo entender este precepto básico, toda una vida en la iglesia y fuera de ella, una vida de fe y de no tanta fe, de buscar y fallar, de esperar y caer, pero mayormente lo que Dios hace es amarnos.

La primera vez que me crucé con esas palabras fue en una versión de la Biblia llamada *El Mensaje*. Un erudito, Eugene Peterson, con audacia, decidió traducir la Biblia completa, no solo a nuestro idioma sino… bueno, a un idioma sencillo. No exactamente a un lenguaje informal, pero tampoco a un lenguaje *no* informal. Algo con los pies en la tierra, fácil de captar y práctico. La versión antigua de la Biblia, con sus palabras difíciles, y aun las traducciones modernas a veces pueden parecer lejanas y fuera del alcance. Sin embargo, Peterson pensó en la forma en que Jesús hablaba, no con un dialecto elegante o educado, sino con un lenguaje común, coloquial y callejero de su tiempo. Peterson parafrasea la Biblia completa de esta manera. El resultado es fascinante, provocador, a veces, hermoso y brillante, y otras veces, frustrante. He recurrido a ella muchas veces a lo largo de los años, para poner en marcha una reflexión o ver la escritura de una forma nueva.

Así fue como me topé con la versión renovada de estos famosos versículos de Efesios:

> Por tanto, imiten a Dios como hijos muy amados y lleven una vida de amor, así como Cristo nos amó y se entregó por nosotros como ofrenda y sacrificio fragante para Dios.
>
> *Efesios 5:1-2*

Bueno y bonito, un poco alentador, sin embargo, distante y lejano. Así es como debes haberlo oído en la iglesia o en el estudio bíblico. Pero lo que leí ese día en El Mensaje fue una bomba.

> Observen lo que Dios hace, y luego háganlo, como los niños que aprenden a comportarse correctamente de sus padres. Mayormente lo que Dios hace es amarlos.
>
> *Efesios 5:1-2* MSG*

La simpleza de las palabras y la sencillez a la vista de su verdad fueron una revelación.

¿Dónde está Dios y qué trama? Mayormente lo que Dios hace es amarlos.

¿Qué siente Dios por mí? Mayormente lo que Dios hace es amarte.

¿Qué trabajo debería tomar? ¿Dónde debería vivir? ¿Con quién debería casarme? ¿Debería perdonar a esa persona? ¿Merezco perdón? ¿Soy superficial? ¿Soy egoísta? ¿Soy digna de amar? ¿He arruinado mi vida? ¿Qué piensa Dios de las decisiones que tomé? Mayormente lo que Dios hace es amarte.

Estas simples palabras me llevaron a replantearme el concepto de Dios de forma radical. Me envolvieron y abrazaron a mi corazón.

Es muy fácil tomar las críticas de nuestros padres, nuestra cultura o nuestras opiniones duras de nosotros mismos, y atribuírselas a Dios sin querer, especialmente cuando estamos lejos de su presencia. «Dios» puede tomar la figura borrosa de un padre amenazante

---

* N de la T: Las citas de la MSG que aparecen en este libro se han traducido directamente del original.

que está siempre enojado, al que ima-
ginamos sentado para juzgarnos con
desprecio y darnos nuestro merecido.

Mayormente lo
que Dios hace es
amarnos.

Cuando la vida es cruel, cuando
tenemos pérdidas, cuando las desilu-
siones crecen o el mundo que habitamos parece ser un monumento
a la injusticia y la arbitrariedad, es difícil creer que Dios está haciendo algo, aún más difícil creer que nos ama de forma específica
y significativa.

Mayormente lo que Dios hace es amarte. Creer esto de Dios es
la esencia de la fe: darle a Dios el beneficio de la duda en un mundo
que invita al cinismo y a la desesperanza. Siempre sentí que creer en
Dios no es en verdad la parte más difícil; pero creer que es bueno
y que se involucra de forma activa en nuestras vidas y en el mundo
frente a tanto dolor, esa es la parte difícil.

Dios no quiere que ignoremos o suavicemos las penas que vivimos o las injusticias que vemos, sino que creamos a pesar de eso.
Quiere que creamos que está involucrado en todo, que sus intenciones hacia nosotros son buenas, que está predispuesto al perdón
y la reconciliación, que el sufrimiento de este mundo no es su plan
original y que la historia no terminará así. Eso es la fe.

He tenido una relación con Dios desde que era una niña pequeña, no recuerdo una época en que él no estuviera presente en
mi conciencia. Mi primera infancia fue dentro de una iglesia, con
escuela dominical, ensayo del coro y hasta servicios de miércoles
por la noche. Uno de mis primeros recuerdos es ver a mi madre, mi
padre y mi hermano adolescente con túnicas blancas en el frente de
la iglesia mientras el pastor los bautizaba en una bañera gigante que
parecía un *jacuzzi*. Los Guthries éramos cinco: mis padres, mis dos

Es muy fácil tomar las críticas
de nuestros padres, nuestra
cultura o nuestras opiniones
duras de nosotros mismos, e
inconscientemente atribuírselas
a Dios, especialmente cuando
estamos lejos de su presencia.

hermanos mayores y yo; pero mi hermana solía decir que Dios era el sexto miembro de nuestra familia.

Siempre he creído en Dios, pero no siempre me resultó fácil creer que él es bueno siempre o, al menos, que tiene buenas intenciones para conmigo. Hubo épocas en las que me sentí decepcionada de él, lo evitaba o me sentía muy avergonzada como para enfrentarlo. Cuando digo «épocas» no me refiero a semanas o meses, sino a años. Años simplemente «manteniéndome en contacto» de vez en cuando con mi fe, sin ocuparme mucho de mi relación con Dios. Esas épocas solían hacerme sentir culpable y nerviosa, como si estuviese viviendo en un precipicio o fuera de su voluntad, sin hacer las cosas que debería, sin siquiera orar y ni hablar de cualquier otra disciplina espiritual.

También he tenido tiempos de devoción profunda. Durante algunos años, a finales de mis veintes y principios de mis treintas, tuve una época de entusiasmo por el estudio bíblico: devoraba las escrituras, tenía pequeños cuadernos de versículos favoritos y los memorizaba. Fue un tiempo fructífero, pero luego dejé de hacerlo por varios años. No puedo detallar los motivos con exactitud. Fue una combinación de ocupaciones y distracciones y, sí, decepciones y desilusiones con Dios por las cosas de la vida que no salían a mi manera, así que me alejé.

Sin embargo, estos versículos siguieron en mi mente. Aparecían en momentos oportunos, de una forma inesperada que se sentía divina, como un salvavidas que Dios arrojaba para volver a conectarme con él. Me avergonzaba que Dios continuara allí con tan poco de mi parte. Me daba culpa no haber agrietado mi Biblia para aprender algo nuevo en años. *Estoy avanzando por inercia*, solía pensar. Sentí ese remordimiento por mucho tiempo.

Pero ya no lo pienso de esa manera. Esta es la forma de Dios de ver estas circunstancias: «mayormente lo que Dios hace es amarte». En una época de más conexión, Dios me consolidó en sabiduría y en su Palabra; me abasteció para un viaje largo, en el que por momentos elegiría caminar sola. En lugar de sentir culpa por no estar al día con las costumbres devotas, de imaginar que Dios estaba decepcionado o enojado conmigo o que me había descartado por completo, ¿qué pasaría si yo creyera que lo que él, en realidad, ha hecho todo ese tiempo es amarme?

> Creer esto de Dios es la esencia de la fe: darle a Dios el beneficio de la duda en un mundo que invita al cinismo y a la desesperanza.

Es poderoso cuando miramos los hechos de nuestra vida bajo esa luz.

Mayormente lo que Dios hace es amarte.

No se trata de un "Dios ligero" ni de una ideología para sentirse bien, mezclada con una pizca de divinidad. Esto es lo más difícil, pero si lo podemos creer de verdad, es transformador. Un amor así hecha raíces y es una revolución desde el interior. Es un triunfo sobre la desesperanza, una forma de volver a imaginar y repensar cada circunstancia, aun esas que nos decepcionan; en especial esas.

Imagínalo: Dios amándote, viéndote, apreciándote, deleitándose en ti, conociéndote, teniéndote compasión, sanándote y perdonándote. Míralo, aprécialo, entiéndelo y aférrate a eso. Inhala de su buena voluntad y ponte en sintonía con la evidencia de su amor. Búscalo en todos lados.

Lo que descubrirás es que un amor como ese no es solo para ti, es para el mundo. Porque un amor como ese no puede contenerse, debe brotar y salir hacia afuera.

> Observen lo que Dios hace, y luego háganlo, como los niños que aprenden a comportarse correctamente de sus padres. Mayormente lo que Dios hace es amarlos. Manténganse en compañía de Él y aprendan a tener una vida de amor. Observen cómo Cristo nos amó. Su amor no fue cauteloso, fue desmesurado. Él no nos amó para obtener algo de nosotros, sino para darnos todo de Él. Amen así.
>
> *Efesios 5:1-2* MSG

Amen así.

Esta es nuestra gran comisión: elige creer en el amor de Dios. Envuélvete en él, déjalo que te abrigue desde el interior y luego sal al mundo para hacerlo tú también.

CAPÍTULO 2

CURSORES PREPARADOS

Exención de responabilidad.

¿Conoces esas publicidades farmacéuticas de medicamentos con nombres futuristas para curar enfermedades de nicho de las que nadie ha oído hablar? «Imchafina» alivia las muñecas con comezón crónica. Pruebe «OoflaXYZ» para el ojo seco por picadura de avispa. Cinco segundos de publicidad, veinticinco segundos de imágenes de parejas ancianas tomadas de la mano o mujeres de mediana edad en clases de pilates mientras la voz despliega una lista interminable de efectos secundarios que suenan terribles: «La "trix-cedrina" puede causar somnolencia, insomnio, pérdida de apetito, pérdida de audición, pérdida de visión, pérdida de las llaves del auto, nerviosismo, irritabilidad, hiperactividad, depresión, gota, juanetes o vértigo. Llame a su doctor o grite al abismo si tiene estos síntomas, o cualquier otro efecto secundario».

En cierto punto, te preguntas por qué se toman la molestia.

Bueno, este es mi descargo de responsabilidad. Imagina una escena en la que estoy andando tranquila en bicicleta a largo de un pintoresco camino de montañas.

Esta no es una autobiografía; nunca quise escribir una, no en el sentido convencional. Por un lado, parece un montón de trabajo; por el otro, no recuerdo tan bien toda mi carrera. Incluso he bromeado que, si alguna vez escribiera una historia personal o profesional, se llamaría *¿Qué sucedió?*, con signos de pregunta, no con punto. No sería *Lo que sucedió*, sino *¿Qué sucedió?*, como diciendo: «no, en serio, ¿qué *fue* lo que sucedió?». Estoy segura de que, con un poco de esfuerzo o hipnosis, podría recordar algunas historias de guerra divertidas o alguna travesura de aquellos días en las noticias, pero, siendo honesta, ¿qué sentido tiene? Mis historias nunca serían tan interesantes como las de Diane, Katie u Oprah, y, de todos modos, la mayoría son recuerdos borrosos, recuerdos buenos, pero borrosos al fin. Me despierto, hago el artículo de portada, trasmito en vivo, hago el artículo de portada, transmito, transmito, transmito, duermo, me baño, repito.

Cuando le dije a mi amiga Jena Bush Hager que estaba escribiendo un libro acerca de la fe, fue muy motivadora. Jenna es una lectora habitual y una autora consumada. Le confesé que me preocupaba no tener suficiente que decir, ni material suficiente para llenar un libro entero.

—¡Claro que lo tienes! —me alentó—. ¡Como esa vez hace un par de meses cuando estabas enferma con fiebre, sudando en la cama sofocada y te despertaste en medio de la noche y tuviste esa gran epifanía acerca de Dios! ¡Puedes escribir sobre cosas como esas!

—¿De qué estás hablando? —le respondí. No tengo memoria. Nada. Cero. No solo no recuerdo el contenido de la «epifanía» que aparentemente tuve en mi delirio febril (y ella tampoco, de hecho), ni siquiera recuerdo haber tenido una epifanía para empezar.

No puedo escribir acerca de algo que no puedo recordar.

Y no puedo escribir acerca de otras cosas, cosas que sí recuerdo, pero de las que no quiero hablar. Por ejemplo, no quiero escribir acerca de mi divorcio. Fue uno de los tiempos más difíciles y tristes de mi vida, casi me arruina. Me casé cuando tenía treinta y tres años y era muy idealista y optimista con la imagen de la familia perfecta. En retrospectiva, era un poco delirante y un poco obstinada. Ya no quería estar soltera, quería tener una familia. Quería el cuento de hadas. Siempre tuve muy mala suerte en el área del amor. Malas elecciones, falta de autoestima, y no, no es una historia muy original. Se me acabó la paciencia porque creí que se me estaba acabando el tiempo y me casé cuando no debería haberlo hecho.

No voy a hablar de eso, como dije, pero el matrimonio no funcionó. No hubo ningún escándalo, solo desilusión. Hay otras cosas sobre las que menos quisiera escribir, cosas que sucedieron cuando era mucho más joven, infortunios que fueron una gran fuente de humillación y vergüenza durante muchos años. No voy a entrar en detalles y no te dejes llevar imaginándote lo peor. Solo lo menciono porque, en un libro acerca de la fe, tienes que hablar sobre tus luchas. Atravesar crisis profundas o grandes adversidades es lo que nos lleva a tener momentos decisivos para la fe. Pueden ser amenazas

Atravesar crisis profundas o
grandes adversidades es lo que
nos lleva a momentos decisivos
para la fe. Pueden ser amenazas
existenciales para tus creencias
o maestros extraordinarios.

existenciales para tus creencias o maestros extraordinarios. A veces son ambas y no siempre al mismo tiempo.

Aquí voy a escribir acerca de esos sentimientos. Tal vez te preguntes a qué puedo estar haciendo referencia. Incluso te preguntes si alguna vez me enfrenté a alguna adversidad. ¿Qué autoridad tengo para poder opinar de estos temas? ¿Cuáles son mis credenciales de sufrimiento? Lo entiendo, y este es un libro que habla acerca de conectar con Dios, una relación con él no sucede en el vacío: sucede en la vida real, con circunstancias reales e interacciones humanas. He oído decir que la vida a veces es como caminar con Dios descalzo sobre la acera caliente. Solo digo que no quiero indagar en el motivo por el que la acera estaba caliente, cómo se puso así, cuál era su temperatura o qué tanto se quemaron mis pies. Solo quiero decirte cómo Dios me acompañó, me sanó y lo que aprendí de esa experiencia.

¿Bien? Bien.

CAPÍTULO 3

EL MANDAMIENTO
ADICIONAL

¿Recuerdas a Stuart Smalley, el antiguo personaje del programa *Saturday Night Live*? (Si no, ¡te recomiendo que lo busques en Google!). Vestía un suéter mullido y tenía pelo rubio en forma de casco, era muy inseguro y se daba a si mismo discursos motivacionales frente al espejo inducidos por la vergüenza: «Soy muy bueno, soy muy inteligente, y, ¡vaya!, la gente me quiere».[1] Era algo gracioso y triste de ver al mismo tiempo. Era divertido porque era triste.

Para mí, la escena siempre era incómoda por otra razón. Yo tenía (¿y quizás aún tengo?) una repugnancia visceral a cualquier expresión de autoestima y amor propio. Mientras crecía, todo eso de la afirmación personal era un gran *no* en casa y en la iglesia. Fuimos criados para no presumir, para que no «se nos suban los humos a la cabeza» y, sobre todo, para ser humildes.

Aún recuerdo un sermón sobre esto cuando tenía nueve o diez años. En realidad, ni siquiera era un sermón, era una anécdota al comienzo de un sermón, una de esas historias entretenidas que cuentan los predicadores para romper el hielo o para ilustrar un punto. Si tan solo este pastor supiera el impacto que tuvo en esa niña que estaba sentada en la audiencia. Él contó la historia de una época en que había orado al Señor pidiéndole humildad. Coincidió que hizo esa oración en una excursión de esquí en la cima de un pico nevado cuando estaba a punto de tocarle su turno. Momentos después de su devota oración, se tropezó, se cayó y rodó por el hielo en un gran despliegue doloroso y vergonzoso. La historia generó risas en el auditorio. Ten cuidado con lo que pides en oración (¡ja, ja, ja!). Sin embargo, yo no me reí. Esa pequeña historia inofensiva terminó teniendo un gran impacto en mí para toda la vida. La lección que me llevé fue: mantente humilde o Dios va a humillarte.

La humillación, para mí, era un gran peligro, una de las peores cosas que podía sucederle a una persona. Creo que era algo singular en mi psiquis; hasta el día de hoy, soy el tipo de persona que se avergüenza con facilidad. Hasta con algo tonto, como que alguien me diga que tengo lápiz labial en el diente… Obviamente me alegra que me lo digan, pero por dentro me siento horrorizada y desearía evaporarme del lugar. Tengo un viejo recuerdo de sentirme totalmente humillada por mi padre frente a algunos adultos. Ellos se sentaron alrededor de una mesa una tarde mientras conversaban y yo entré acomodándome inconscientemente la ropa interior en mi parte trasera (es decir, sacándomela de entre medio).

—¿Vas al cine? —preguntó mi padre mientras sus amigos reían.

—¿Eh? No, ¿por qué? —le pregunté.

—Porque ya estás eligiendo el asiento.

Un humor tonto de padre, sin malas intenciones, pero, aun así, nunca olvidaré lo avergonzada y estúpida que me sentí en ese momento. Probablemente, mi papá no debería haber hecho una broma a costa de una preadolescente frágil; pero, por otro lado, yo era una niña demasiado sensible. Para mí, esas microhumillaciones estaban por todos lados.

Por lo tanto, yo estaba atenta a mantener la humildad, para no ser víctima de mi gran temor: la humillación. El movimiento hacia la autoaceptación y el amor propio avanzó a gran velocidad en nuestra cultura, pero yo no estaba en ese tren. Todo eso me parecía autocomplaciente y casi inmoral. Que Dios tuviera misericordia si tropezabas y comenzabas a ser altanero o a pensar demasiado bien de ti mismo, porque entonces serías tú quien caería rodando por esa pista de esquí en un acto de humillación.

«Ama a tu prójimo como a ti mismo» (Marcos 12:31). Es uno de los versículos bíblicos que me enseñaron primero, según recuerdo. Sin dudas, es un clásico de la escuela dominical, una forma de convencer a niños revoltosos de cinco años de que no se den puñetazos (con una leve infusión de presión religiosa). También va de la mano muy bien con esa antigua política del jardín de niños, la regla de oro: trata a los demás como deseas que te traten a ti.

Aun siendo niña, luchaba contra la última parte del versículo. «Ama a tu prójimo» era un concepto bastante fácil de captar (no tan fácil de hacer, pero fácil de entender). Pero ¿«como a ti mismo»? La idea me resultaba desconcertante. Para mí Dios podría haber utilizado un ejemplo mejor, tal vez un mandamiento como: «Ama a tu prójimo como al helado». Porque yo no me amaba a mí misma de esa manera, para nada. De hecho, estaba bastante segura de que hacerlo estaba mal.

Aun así, hice las paces con ese antiguo versículo de «ama a tu prójimo». Concluí que Dios, en realidad, estaba diciendo algo diferente. En esencia, estaba diciendo que hay que interesarse por tu prójimo tanto como te interesas en ti mismo. Que hay que pensar en tu prójimo tanto como piensas en ti mismo. Si estamos de acuerdo en algo, es en que los seres humanos constantemente piensan en sí mismos. Entonces, básicamente el mandamiento fue este: deja esa obsesión por ti mismo y preocúpate un poco por los demás.

Esta interpretación me convenció por muchos años, hasta que hace poco escuché una meditación en una aplicación llamada Hallow. Me regalaron una suscripción cuando Mark Wahlberg, patrocinador de la aplicación, vino a *TODAY* a promocionarla. Como buena fanática de las cosas gratis, comencé a utilizarla en mi camino al trabajo por las mañanas.

Elegí una meditación diaria llamada *Lectio Divina*,[2] un antiguo método de reflexionar sobre una parte de las Escrituras. Hay muchas versiones de esta práctica, pero básicamente, es repetir la lectura del mismo versículo y cada vez escuchar diferentes aspectos del texto con espacios largos de silencio en el medio. En la primera lectura, solo escuchas, permitiendo que las palabras te inunden. En la siguiente lectura, escuchas, en armonía con cualquier palabra o frase en particular que te llame la atención. En una tercera lectura, puede que escuches y te imagines a ti mismo en la escena tal y como se la describe. Nuevamente, y lo más importante, entre cada lectura hay silencio. Aquí es donde sucede la magia, donde puede que el Espíritu te conmueva.

Este fue el versículo diario con el que me topé en Hallow una mañana temprano mientras conducía de camino al trabajo en la oscuridad:

(…) preguntó:
—De todos los mandamientos, ¿cuál es el más importante?
Jesús contestó:
—El más importante es: "[…] Ama al Señor tu Dios con todo tu corazón, con toda tu alma, con toda tu mente y con todas tus fuerzas". El segundo es: "Ama a tu prójimo como a ti mismo". No hay otro mandamiento más importante que estos.

Marcos 12:28-31

Oh, esa antigua máxima otra vez, pensé. Volví a pensar en mi adaptación preferida: amarte a ti mismo no es literal. Solo significa que deberíamos dar tanta atención a los demás como a nosotros mismos. Pero luego me surgió un pensamiento, una de esas revelaciones que parecen de otro mundo y te llenan de electricidad. En cierta manera, un mandamiento adicional estaba escondido dentro de los dos que menciona Jesús. Ama al Señor tu Dios. Ama a tu prójimo. Y ámate a ti mismo.

En cierta manera, un
mandamiento adicional estaba
escondido dentro de los dos que
menciona Jesús. Ama al Señor
tu Dios. Ama a tu prójimo.
Y ámate a ti mismo.

Cerré el círculo. Creo que Dios realmente tiene la intención de que nos amemos a nosotros mismos. La humillación, la vergüenza, el regañarse a uno mismo y la intimidación no son el plan de Dios para nosotros. Sin embargo, tampoco lo son el autoengrandecimiento ni la exageración. No sé tú, pero yo no puedo generar sentimientos genuinos de amor propio susurrándome palabras de afirmación a mí misma. Me siento falsa y a veces patética, como Stuart Smalley. El equilibrio adecuado debe incluir el ingrediente secreto: Dios mismo. Conocer y creer en el gran amor de Dios es lo que nos hace amarnos a nosotros mismos.

Sí, la humildad es una cualidad espiritual positiva; pero humildad no es humillación, no es que te hundan de forma contundente; ni nosotros mismos ni Dios. Simplemente, humildad es reconocer que necesitamos a Dios. Admitir nuestra necesidad, en lugar de decirnos a nosotros mismos que somos completamente autosuficientes, eso es lo que le da espacio a él. Ese espacio puede llenarse con su amor por nosotros, y así lo hará. Este amor es lo que nos permite comenzar a amarnos a nosotros mismos, a vernos como Dios nos ve. Es el fundamento de una confianza sólida y real.

Dios nos ama y su amor es contagioso. Si permanecemos cerca de él, no podemos evitar que nos atrape.

> Simplemente, humildad es reconocer que necesitamos a Dios.

CAPÍTULO 4

COMO UNA
MADRE

Tenía cuarenta y dos años cuando di a luz a mi primera
hija. No esperé tanto tiempo para tener hijos porque estaba
muy ocupada siendo una «mujer profesional» o porque estaba paseándome por los bares soltera y sin compromiso. Tampoco
fue porque estaba insegura de la maternidad. De haber sido mi
decisión, probablemente me hubiera casado en mis veinte, hubiera
tenido tres hijos y nunca me hubiera ido de mi ciudad natal.

A veces la vida no es como desearíamos que fuera. A lo que, en algún punto, todos diríamos un fuerte «gracias a Dios». Gracias a Dios que no tomé ese trabajo. Gracias a Dios que no hice aquello. Gracias a Dios que no obtuvimos esa casa. Gracias a Dios que no me casé con esa persona que yo estaba absolutamente segura que era para mí (en la secundaria).

Dicho esto, siempre supe que quería ser mamá. Para ser sincera, di por sentado que tenía que serlo. Nunca me anticipé a lo difícil que sería buscar un compañero de vida. Mis veintes y mis treintas fueron toda una hazaña de malas decisiones románticas. Veía a todas mis amigas formar pareja y caminar hacia el altar, preguntándome si alguna vez esa sería yo. Pasaron los años y los vestidos de dama de honor se amontonaban. De alguna manera, siempre fui afortunada en mi carrera y desafortunada en mi vida personal. A mediados de mis treintas, al fin me casé, pero fue breve (véase mi descargo de responsabilidad anterior, ¡no voy a hablar de esto!) y luego de verme divorciada a los treinta y seis, estaba bastante segura de que era un producto dañado; ya había pasado la plenitud de la vida en todos los sentidos, en especial en lo reproductivo.

Dios tenía planes mejores.

Conocí a mi futuro esposo, Michael Feldman, en su fiesta de cumpleaños número cuarenta. No estaba invitada, pero tampoco era exactamente una infiltrada. Mi amiga, que estaba saliendo con el amigo de Mike, me invitó a acompañarla. Yo estaba cubriendo la campaña presidencial del 2008, iba de una ciudad a otra y estaba afuera por meses salvo por esa breve noche que pasaba en casa para cambiar la ropa de mi equipaje. Una de esas licencias de la campaña cayó una noche de sábado y mi amiga Ann me insistió para salir y hacer algo «divertido». Así fue como caí en esa fiesta llena de

A veces la vida no es como
desearíamos que fuera. A lo que,
en algún punto, todos diríamos
un fuerte «gracias a Dios».

gente conocida de la política y los medios, pero completamente desconocida para mí. No conocía ni a uno. Como un caballero, Mike se acercó y se presentó con la chica nueva del vestido rojo. Él vestía un traje azul oscuro con un pañuelo azul pálido. Bromeó con que su padre de setenta y cinco años lo había vestido (aún tengo el vestido rojo, lo descolgué una década después para sorprenderlo en su fiesta de cincuenta años).

Para Mike y para mí, fue amor a primera vista. Ambos éramos fóbicos al compromiso por diferentes motivos (¡Él era un soltero de cuarenta años después de todo!). Pero conectamos de inmediato, tuvimos un respeto, una confianza y un afecto por el otro inherente e instintivo. Luego salimos durante (espéralo) cinco años y medio. ¡Hablando de esperar! Lo dudamos, lo alargamos, hablamos de la relación de forma incansable mientras desperdiciábamos nuestro tiempo precioso, demasiado para el disgusto de nuestras familias y amigos («¿Por qué no se dejan de dar vueltas y se comprometen? ¡O terminan! ¡Ya es suficiente!»).

Dios tenía planes mejores.

En mayo de 2013, a nuestros vigorosos cuarenta y cinco y cuarenta y un años, nos comprometimos y fijamos la boda para marzo en mi ciudad natal Tucson, Arizona. Habíamos hablado de hijos muchas veces y éramos conscientes de que no sería fácil. Suponíamos que íbamos a tener que hacer un tratamiento de fertilidad, probablemente un recorrido largo sin ninguna garantía. Pero por acto de fortuna (y bendición divina, creo yo), quedé embarazada y en agosto de 2014 nació nuestra hija.

Nunca olvidaré la primera vez que vi a Vale a los ojos. Aún puedo ver al doctor levantando su pequeño cuerpo en el aire para poder

verla por primera vez. «¡Es una niña! —exclamó él—. ¡Es regordeta!».
Eran ocho libras y nueve onzas de puro milagro. Sentí una mezcla de
éxtasis y conmoción, ¿cómo era posible que lo que no era nada hace
nueve meses se hubiera convertido en algo tan profundo? Sostuve su
rostro junto al mío. Mejilla con mejilla, mi niña y yo. Se me caye-
ron unas lágrimas y una hembra contenida en algún lugar dentro se
liberó, como si hubiese estado dormida hasta este preciso momento.
Yo supe que esas lágrimas extrañas y amorosas habían estado guar-
dadas desde siempre solo para ella. Dos años después, semanas antes
de cumplir cuarenta y cinco años, mi pequeño petardo Charley llegó
llorando a este mundo. Nuestra familia estaba completa.

Mis hijos son mi mayor alegría y, a la vez, mi desafío diario más
grande. Amarlos ha hecho mi vida más significativa; como llegué
a la maternidad a una edad avanzada, mucho tiempo después de
haber perdido la esperanza, no la doy por sentado. Cuando Charley
tenía seis años, llevé a mis dos niños a Tucson a visitar a mi mamá.
Mi prima Teri, que fue como una tía para mí cuando era niña, vino
desde Phoenix para vernos. «Oh, Savannah —dijo con brillo en sus
ojos mientas me observaba con mis bebés—, es todo lo que siempre
quisiste».

La maternidad. ¡Qué revelación! Física, emocional, intelectual y,
sí, espiritual. No se me ocurre otra experiencia que haya aumentado
más mi entendimiento de Dios.

Para mí, la paternidad es la mejor metáfora de Dios en la vida real,
es lo más cerca que los humanos van a estar de comprender cómo
Dios se relaciona con nosotros. No es casualidad que las Escrituras
se refieran a él como nuestro Padre celestial y a nosotros como sus
hijos; la aproximación más cercana del amor de Dios por nosotros
es el de un padre por un hijo.

En mi experiencia, las revelaciones de Dios siempre están más relacionadas con enseñar y contar que con pergaminos y mandatos desde la cima de una montaña (excepto por Moisés aquella vez). Para mí, ser mamá ha sido similar a eso de enseñar y contar, me hizo dar cuenta, de la forma más profunda y personal, de lo que Dios debe pensar y sentir a cada momento.

> Para mí, la paternidad es la mejor metáfora de Dios en la vida real, es lo más cerca que los humanos van a estar de comprender cómo Dios se relaciona con nosotros.

Vale la pena tomarse un momento solo para meditar en eso. Lo que sentimos por nuestros hijos es lo que Dios siente por nosotros. Es la forma en que los adoramos; en que hacen a nuestro corazón saltar de felicidad; en que disfrutamos de sus personalidades, sus talentos y sus peculiaridades; la forma en que nos enorgullecemos de sus hitos y logros, sin importar qué tan pequeños sean. Verlos crecer es como ser testigos del crecimiento de una flor en tiempo real, un regalo que tenemos la oportunidad de abrir y volver a abrir todos los días.

La conexión de Dios con sus hijos es íntima y tierna, de forma asombrosa, como la de una madre con su hijo. No sé tú, pero yo apenas puedo internalizarlo. Es arrollador imaginar que Dios puede sentir eso por mí. Demasiado bueno para ser cierto, pero transformador si realmente lo asimilamos.

La gran metáfora de Dios no termina allí. Todo padre sabe que tener hijos es llevar una carga alegre de preocupaciones, miedos e inquietudes. La famosa frase es famosa por una razón: «Tener un hijo es trascendental. Es decidir tener tu corazón deambulando por ahí fuera de tu cuerpo».[1] Cuando mi prima tuvo su primer bebé, le pregunté cómo era. Ella me dijo: «Es como tener una espina. Amo a esa espina, pero es una espina».

Nuestros hijos nos preocupan, nos desafían y nos frustran, a veces hasta nuestro punto límite, en especial cuando solo intentamos mantener lejos al desastre y buscamos lo mejor para ellos. Desde explicarle a un niño pequeño por qué no puede tomar helado en el desayuno hasta decirle a un preadolescente por qué no tiene permitido usar redes sociales, a menudo suele ser un ejercicio de exasperación e impotencia.

¡Si tan solo pudiera obligarlos a hacer lo que es bueno para ellos! ¡Cómo desearía hacerlos entender que las cosas que hago o prohíbo son por su propio bien! No es porque sea cruel o quiera quitarles su felicidad. ¡Yo estoy de su lado!

Ahora imaginemos esas palabras de parte de Dios sobre nosotros y ahí comenzaremos a entender su perspectiva hacia sus hijos.

Somos humanos imperfectos que tropiezan y fallan. Tomamos malas decisiones. Las cosas van mal y no entendemos lo que Dios está haciendo. Nos quejamos y nos revelamos. Nos retiramos, nos enojamos y le aplicamos a Dios la ley del hielo. No podemos ver el panorama completo. Somos como niños que son incapaces de ver a larga distancia («¡Un día me agradecerás por no haberte dejado tatuarte la cara!»), no tenemos una perspectiva lo suficientemente amplia. Solo somos humanos, no tenemos la perspectiva privilegiada de Dios, que es multidimensional, que tiene en cuenta a las personas, los lugares y los eventos del futuro, del presente y del pasado.

Sin embargo, como buen padre, Dios no deja que esto le afecte. Dios no se impacienta ni se enfurece. Su amor, su compasión y su compromiso inquebrantable nunca fallan, sin importar cómo actuemos, qué digamos o qué «merezcamos». Su perdón siempre está disponible cuando caemos de forma inevitable. Cuando nos volvemos a él, lo encontramos esperándonos con sus brazos extendidos.

Mi hijo Charley tuvo una etapa larga en la que era «malo con mamá» a los cuatro años de edad. Fue como tantas otras etapas que tienen los niños pequeños, solo que duró mucho más de lo que podía tolerar:

—¿Cómo estuvo tu cita de juegos, cariño? —Recuerdo que le pregunté una vez.

—Lo pasé muy bien. Me olvidé de ti —respondió— y eso era lo que quería —sí, escribí la frase exactamente como la dijo.

Me preocupaba estar criando a un niño que me odiara. Hasta llamé al pediatra, que se rio y dijo:

—Oh, ¡pueden ser muy malos con quienes sienten más cercanos!

Los niños pequeños son como pequeños científicos, observan todo y recolectan información: «¿Qué sucede si tiro esto? ¿Qué sucede si aprieto eso?». En este caso, «eso» que apretó fuerte fue mi corazón. En mi mente, yo podía entender que solo estaba poniendo a prueba su personalidad. Intenté mantener un gesto sereno frente a él, mantener la calma en el exterior, pero luego, cerraba la puerta y lloraba lágrimas reales poque un niñito había herido mis sentimientos. Enfrentémoslo: los niños siempre son su peor versión en casa. Entran, se quitan los zapatos, tiran sus mochilas sobre el suelo y su carga emocional sobre mamá.

Dios no se impacienta.
No se enfurece. Su amor,
su compasión y su compromiso
inquebrantable nunca fallan.

———————————————————

Pero hay algo que la maternidad me ha enseñado, algo único con respecto a cualquier otro tipo de relación. Sin importar como actúen nuestros hijos, nuestro amor por ellos sigue firme.

Lo mismo sucede con Dios.

Esta es la verdad fundamental que la maternidad me ha traído a la luz de la forma más visceral.

Lo que Dios siente por nosotros no tiene nada que ver con nuestros sentimientos hacia él.

No podemos hacer o decir nada que lo haga amarnos más, ni menos.

Él no nos ama por lo que somos o lo que hacemos sino por quien es él y lo que él hace.

Él ama. Como una madre. Pero mejor.

> Porque el Señor tu Dios, está en medio de ti
> como poderoso guerrero que salva.
> Se deleitará en ti con gozo,
> te renovará con su amor,
> se alegrará por ti con cantos.
>
> *Sofonías 3:17*

CAPÍTULO 5

YA ESTÁS
INMERSO EN ÉL

C uando mi hija Vale tenía unos dos años, estábamos escuchando un CD de himnos que mi mamá nos había regalado. Sí, aún teníamos un reproductor de CD en 2016. ¡No me digan que no existen los milagros! Mi mamá me había enviado un álbum de música de la iglesia poco tiempo después de que naciera la bebé y su intención no fue sutil: asegurémonos de que esta niñita tenga algo de Dios en su vida.

No puedo decir que las rutinas de sueño, enseñarle a ir al baño y dejar el chupete no tuvieron más prioridad que el desarrollo espiritual en sus primeros años, pero en un momento de su temprana niñez volví a encontrar los discos viejos y decidí reproducirlos. Pese a la preocupación de mi madre, había llevado a Vale a la iglesia así que no era una pagana total. Así fue como un día, mientras escuchábamos música y nos ocupábamos de lo que solíamos hacer en ese entonces (¿bloques? ¿Barbies?), empezó a sonar "Jesús me ama" y sus ojitos azules se iluminaron. «¡Esa es mi canción!», exclamó.

«Jesús me ama, eso lo sé».

Esa también es mi canción; y la tuya.

Durante mi vida he tenido momentos en los que la sensación de ser amada por Dios me ha sobrepasado. He sentido ese calor, incluso euforia; es un sentimiento tan dulce e inconfundible que estoy segura de que es el Espíritu Santo quien está conmigo. Puede venir de forma inesperada, por medio de una canción, un amanecer o un versículo que se me viene a la mente de repente. También puede venir a mí sin ninguna razón en absoluto. Pero sé que es él, lo reconozco al igual que cuando alguien familiar entra a una habitación. En mi mente le sonrío: *Allí estás, te veo. Gracias.* Es un sentimiento precioso.

Permanezcan en mi amor.

Juan 15:9

«Permanezcan en mi amor». Es el deseo de Jesús que registró el apóstol Juan. Hay versiones de este sentimiento en todas las Escrituras, para que sepas que lo dijo de verdad. Es un buen pensamiento. Siempre me recuerda a ese antiguo comercial de Palmolive de los años setenta. La manicura Madge está quejándose mientras atiende las manos secas y manchadas de su joven clienta.

—Es por fregar los platos —explica con timidez la ama de casa joven y atractiva.

Madge está lista con su respuesta:

—Prueba con Palmolive, ¡suaviza tus manos mientras friegas los platos! —Luego, un plano de las manos de la ama de casa dentro de un plato hondo con un líquido verde— ¡Ya estás inmersa en él!

El ama de casa quita la mano horrorizada y Madge suavemente vuelve a colocar sus dedos en el platito. Al final, el ama de casa cede, dejándose deleitar por la sustancia verde.

El amor de Dios. ¿Ya estás inmerso en él? Yo no. No la mayoría de los días.

Lo único más difícil de creer que «mayormente lo que Dios hace es amarte» es mantener esa creencia. Aferrarse a un sentimiento de ser amado, especial y adorado no solo resulta difícil, sino hasta autoindulgente frente al caos del mundo. Camina por las calles, por el supermercado o enciende las noticias, y verás personas viviendo angustias y luchas, en desastre y en necesidad. En esta vida, el dolor es real. ¿Quiénes somos nosotros para andar por ahí disfrutando de ser los bendecidos de Dios? Siento que es inapropiado, egoísta y hasta casi ofensivo.

Veámoslo de forma menos universal y más personal: sentirse amado cuando enfrentas contratiempos, desilusiones y pérdidas es malditamente imposible (¿se puede maldecir en un libro que habla de la fe?). Es perfecto sentirse amado por Dios cuando las cosas van como quieres, pero cuando tienes dificultades (necesidades, conflictos o sufrimientos), olvídalo. En esos momentos no recuerdas que eres amado por Dios; esos son los momentos en que nos sentimos en contra de Dios, sentimos que nos abandonó.

Los momentos intermedios, quizás, son igual de desafiantes, el monótono día a día, esas veinticuatro horas ordinarias y repetitivas de quehaceres, de idas y venidas, que se acumulan una tras otra; los días se hacen semanas; las semanas, meses; y los meses, años. Claro, Dios nos ama, pero para ser sinceros, ¿quién tiene tiempo para estar de brazos cruzados inmerso en él? Tenemos platos que lavar, comidas que planificar (es decir, ordenar por la aplicación Grubhub), citas de juegos que coordinar, trabajos que mantener, notas que escribir, reuniones de Zoom que aguantar y jefes que satisfacer, calmar o deslumbrar... Tenemos cónyuges o parejas a las que poner atención, hijos a los que no arruinar, familia y amistades que nutrir, disfrutar o superar. Esto de la vida es un asunto de tiempo completo.

¿Cómo invocamos y sostenemos ese sentimiento de ser amados?

Es bastante simple: no hacemos nada. Porque no es un sentimiento, es un hecho. «Permanecer en el amor de Dios» es un estado mental. Debemos utilizar nuestros cerebros para recordárselo a nuestros corazones. Tal vez no tengamos la capacidad de sentir que somos amados por Dios, pero sí podemos permanecer en el conocimiento de que somos amados por Dios. También podemos continuar recordándolo y teniendo esa confianza que sembró en nuestro interior de que su actitud hacia nosotros no ha cambiado en nada.

En cierta forma, me recuerda al matrimonio. Todo el que ha estado en una relación duradera sabe que no te enamoras como un adolescente soñador para siempre (¡lo siento, cariño!). El matrimonio es un acto de voluntad e intención, debes decidir que amas a esa persona y que esa persona te ama; todos los días. Una relación con Dios es eso mismo: una relación.

«Permanecer en el amor
de Dios» es un estado mental.
Debemos utilizar nuestros
cerebros para recordárselo a
nuestros corazones.

Las escrituras dicen que nosotros somos «arraigados y cimentados en amor» (Efesios 3:17). La metáfora de la planta es acertada. Una vez en la ciudad de Nueva York oí a un pastor llamado Timothy Keller hablar de las relaciones maritales en estos mismos términos. Él dijo que el matrimonio es como un jardín. Si alguna vez has tenido un jardín, sabes todo el trabajo que requiere. Tienes que trabajar en él todos los días. Si afuera está seco, debes regarlo; pero si llueve, también tienes que estar allí, podando y quitando la maleza. Debes trabajar en ese jardín todos los días y, aun así, tarda años en comenzar a verse bien.

Nuestra relación con Dios a veces puede sentirse así. Si elegimos arraigarnos en amor y lo hacemos nuestro hogar, todo lo demás florece desde esos cimientos.

> Y pido que, arraigados y cimentados en amor, puedan comprender, junto con todos los creyentes, cuán ancho y largo, alto y profundo es el amor de Cristo. En fin, que conozcan ese amor que sobrepasa nuestro conocimiento, para que sean llenos de la plenitud de Dios.
>
> *Efesios 3:17-19*

Permanecer en el amor de Dios es una decisión diaria, debemos creerlo de forma activa, buscarlo en todos lados y elegir interpretar las circunstancias bajo esa luz. Esto es darle a Dios el beneficio de la duda, atribuyéndole buenas intenciones. Aun en tiempos de dificultad, preguntarse: *¿Cómo me ama Dios en este momento?* Disponte a buscar la evidencia de su amor recordando lo que Dios dijo: «Me buscarán y me encontrarán» (Jeremías 29:13).

Con cualquier cosa que enfrentemos, una persona difícil, una situación alarmante o un versículo frustrante, si nuestra primera reacción o conclusión inmediata es inconsistente con el hecho irrefutable de que Dios nos ama, entonces debemos seguir buscando. Debemos ir más profundo, porque su amor por nosotros es una certeza.

Si nuestra primera reacción es inconsistente con el hecho de que Dios nos ama, debemos ir más profundo, porque su amor por nosotros es una certeza.

Tal vez has oído hablar del apóstol Juan, uno de los doce discípulos de Jesús. Él es el autor de uno de los cuatro Evangelios y de varios otros libros del Nuevo Testamento. En sus escritos se destaca algo curioso. Al narrar la vida de Jesús, él en varias ocasiones se refirió a un discípulo en particular como «a quien Jesús amaba».

Así que fue corriendo a ver a Simón Pedro y al otro discípulo, a quien Jesús amaba, y les dijo:
—¡Se han llevado del sepulcro al Señor y no sabemos dónde lo han puesto!

Juan 20:2

—¡Es el Señor! —dijo a Pedro el discípulo a quien Jesús amaba.

Juan 21:7

> Al volverse, Pedro vio que los seguía el discípulo a quien
> Jesús amaba.
>
> *Juan 21:20*

Y podría seguir. A lo largo de los años, eruditos y teólogos han estado de acuerdo en su mayoría en la identidad de este discípulo. Entonces, ¿quién era la persona misteriosa a la que Juan describe como «a quien Jesús amaba»? Juan. Estaba hablando de él mismo. Por supuesto.

La primera vez que supe esto, me causó un poco de gracia. Me sorprendió cuán alta debía tener la autoestima para hacerse ese cumplido a sí mismo (varias veces). ¿Demasiado arrogante? Pero luego me conmovió.

Esa es la encarnación de lo que significa «permanezcan en mi amor». Juan no estaba presumiendo ni alardeando. Tampoco estaba reclamando o acumulando este amor todo para él; no dijo que era el único al que Jesús amaba. Simplemente, expresó de forma realista lo que creía que era su característica más importante.

John Piper, un pastor y escritor cristiano, dijo: «Tal vez, esa es la forma de Juan de decir: "Mi identidad más importante no es mi nombre, sino que soy amado por Jesús, el hijo de Dios". Él no intenta robarle este privilegio a nadie más, simplemente se regocija en eso: "Soy amado, soy amado, soy amado; eso es lo que soy. Soy amado por Jesús"».[1]

Es como un niño que oye «Jesús me ama» y dice: «¡Esa es mi canción!». Es un apóstol que es testigo del Mesías y dice: «Yo soy a quien ama». Pero eso es un hecho que nos pertenece a todos nosotros.

Todo esto es muy personal, por supuesto. No sé cuáles son los pasos que te funcionen mejor para «permanecer en su amor» un día cualquiera, pero sé que todo cambiaría para nosotros si pudiéramos hacerlo. ¿Quiénes seríamos si realmente creyéramos esto?

> Ningún poder en la tierra ni en el infierno puede vencer al Espíritu de Dios que habita en nuestro espíritu; es una invencibilidad interior.[2]
> **Oswald Chambers,**
> *En pos de lo supremo.*

Triángulo amoroso

Así como el Padre me ha amado a mí, también yo los he amado a ustedes. Permanezcan en mi amor. Si obedecen mis mandamientos, permanecerán en mi amor, así como yo he obedecido los mandamientos de mi Padre y permanezco en su amor.

Juan 15:9-10

Este es mi mandamiento: que se amen los unos a los otros.

Juan 15:17

Y:

Jesús contestó:

—El [mandamiento] más importante es: "[...] Ama al Señor tu Dios con todo tu corazón, con toda tu alma, con toda tu mente y con todas tus fuerzas". El segundo es: "Ama a tu prójimo como a ti mismo". No hay otro mandamiento más importante que estos.

Marcos 12:29-31

En forma de diagrama:

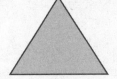

Permanecer en el amor de Dios

Amar a Dios   Amarse unos a otros

PARTE 2

PRESENCIA

CAPÍTULO 6

TIEMPO PRESENTE

¿Dónde está Dios? ¿Cuál es su ubicación exacta?
Él está ahora.
No está en un lugar; está en un momento.
En este.
En todos.
Eternamente.

———

> —YO SOY EL QUE SOY —respondió Dios a Moisés—. Y esto es lo que tienes que decirles a los israelitas: «YO SOY me ha enviado a ustedes».
>
> *Éxodo 3:14*

Desde el principio está ahí, justo ahí, en el mismísimo nombre que Dios utilizó para anunciarse a Moisés.

Yo soy.

Tiempo presente.

Dios está aquí. Ahora.

Tómate una pausa.

Quédate un momento.

Vive el presente.

Dios siempre está comunicándose aquí en el tiempo presente.

———

Una vez oí decir a un pastor que Dios es como una estación de radio que siempre está encendida, siempre transmitiendo. Que la sintonicemos o no depende de nosotros; que subamos el volumen o lo dejemos de fondo, otra vez, es nuestra decisión.

Dios está aquí, ahora, y que nos hable no depende de que nosotros le hablemos a él. Lo que Dios piensa de nosotros, no depende de lo que nosotros pensemos de él. Él no espera a que lo llamemos para venir. No lo invocamos con nuestras prácticas piadosas o rutinas espirituales diligentes. Ellas nos ayudan a sintonizarlo, a abrir la ventana por la que su luz está lista para brillar, pero él está presente para nosotros, sin importar que nosotros estemos presentes para él o no.

Dios está aquí, ahora,

y que nos hable no

depende de que nosotros

le hablemos a él.

_____

> Acérquense a Dios y él se acercará a ustedes.
>
> *Santiago 4:8*

Tú puedes recordarlo por cosas del pasado y encontrar confianza.
Tú puedes imaginarlo en el futuro y encontrar esperanza.
Pero donde lo vas a encontrar es en el ahora.

CAPÍTULO 7

EL NÚMERO DE TELÉFONO DE DIOS

Hace mucho tiempo, cuando recién me mudé a la ciudad de Nueva York, me resultaba difícil encontrar una iglesia con la que conectara. Sobre todo porque no me esforcé demasiado. Un domingo por la mañana suele ser mucho más fácil encontrar un almuerzo con cócteles que la casa espiritual perfecta.

Pero otras veces, buscaba algunas iglesias por la ciudad, con el criterio principal de que estuvieran cerca de mi apartamento. En una de esas ocasiones visité una iglesia que se veía antigua e histórica, de esas que sabes que alguna vez fue magnífica pero que hace tiempo que está descuidada. Era diferente al tipo de iglesias a las que solía ir; era tradicional y litúrgica. *Casi mecánica*, recuerdo que pensé. Agradable pero aburrida. Los himnos eran lentos y monótonos, el órgano sonaba fuerte y pesado. *¡Uf!*, pensé, me preguntaba cuánto duraría el servicio, sin dudas no volvería a esta casa de adoración en particular (sí, esos pensamientos se intercalaban mientras me regañaba a mí misma por esperar que una iglesia me entretuviera o me deslumbrara).

Luego, la figura antigua de un sacerdote en sotana ascendió al púlpito a dar su sermón. Parecía cariñoso y amable, pero no era exactamente C. S. Lewis al predicar. Su mensaje parecía similar a «que tengas un buen día». Comencé a perderme, pero su entusiasmo era encantador y llamó mi atención cuando hizo a la congregación una pregunta sorpresiva y poco convencional.

—¿Saben el número de teléfono de Dios?

Desde los bancos de la iglesia apenas ocupados le devolvieron miradas perdidas y silencios.

—¿Y? ¿Lo saben? —volvió a preguntar con una risa ruidosa—. ¡Es Jeremías 33:3!

> Clama a mí y te responderé; te daré a conocer cosas grandes e inaccesibles que tú no sabes.
>
> *Jeremías 33:3*

Lo primero que aprendí ese día en esa iglesia antigua y aburrida es que el tiempo con Dios nunca es tiempo perdido. Siempre puedes rescatar algo de allí si tu corazón está en el lugar correcto (o, como en mi caso, aun cuando no lo está).

Y lo segundo es el número de teléfono de Dios. Solo llámalo y él te responderá.

———

Pongámonos de acuerdo en algo. La oración es difícil por infinitas razones. Estamos ocupados, distraídos, cansados. No estamos seguros de que esté sirviendo de algo e, incluso, a veces estamos seguros de que no lo está.

No soy buena para orar. Tal vez comienzo bien, pero antes de que me dé cuenta, mi mente dispersa se va por las ramas y mis oraciones se convierten en sesiones de ansiedad o listas de quehaceres. Comienzo orando y termino organizando internamente citas de juegos o recogidas.

Es bastante difícil. A veces es nuestra mentalidad emocional la que hace que orar se sienta intimidante o imposible. Cuando estamos enojados, heridos o amargados nos concentramos tanto en eso que ni siquiera tenemos en cuenta a la oración. Otras veces, nuestras preocupaciones y miedos son tan arrolladores que ni siquiera sabemos por dónde empezar. El famoso versículo de Romanos nos habla justo de esto:

Pongámonos de acuerdo en algo. La oración es difícil por infinitas razones.

> No sabemos qué pedir, pero el Espíritu mismo intercede por nosotros con gemidos que no pueden expresarse con palabras.
>
> *Romanos 8:26*

Como siempre, me encantan las palabras que utiliza la versión El Mensaje:

> Él hace nuestras oraciones en y por nosotros, nuestros suspiros sin palabras y gemidos de dolor los convierte en oraciones.
>
> *Romanos 8:26*, MSG

Él ni siquiera necesita nuestras palabras. Solo un suspiro, una lágrima o un gemido y él sabe. ¡Qué recurso increíble tenemos en un Dios que ya conoce toda nuestra historia, nuestra compleja estructura emocional y cada uno de nuestros pensamientos ocultos! No tenemos que explicar nada. Es como tener un super psicólogo o, como lo describe la Biblia, un «Consejero Admirable» (Isaías 9:6).

Estoy muy agradecida de que Dios pueda tomar lo que traigo, mis motivaciones variadas, mis miserias y mis diversas locuras, para convertirlo en una oración. De alguna manera, la oración, en esencia, es tan solo procesar nuestros sentimientos, emociones y preocupaciones en la presencia de Dios. Es volvernos a Él de manera intencional.

En nuestros momentos de debilidad, de profunda necesidad e impotencia, a veces lo mejor que podemos hacer es acercarnos. No te preocupes. Él puede trabajar con eso.

Tal vez has oído esta frase famosa: «El ochenta por ciento del éxito consiste simplemente en estar allí».[1] En la oración, es el cien por ciento. Tan solo estando un momento en silencio con Dios, cumple con su propósito.

Él ni siquiera necesita nuestras palabras. Solo un suspiro, una lágrima o un gemido. Él sabe.

Esto no significa que tu oración sea respondida inmediatamente o que cuando abras los ojos ya te sientas mejor o diferente. La oración es un éxito tan solo con hacerla, porque ya sea que lo percibas justo en ese momento y lugar o no, estás construyendo algo junto con Dios, una conexión. Lo importante es el hecho, no el sentimiento inmediato. Puede ser que mucho después te des cuenta de la profundidad de los cimientos que se formaron.

Esto es lo que sabemos: Dios se encuentra con nosotros en oración. En definitiva, eso es lo que dijo: «Clama a mí y te responderé». Es una promesa fundamental.

Llámalo. Él siempre te va a responder.

De alguna manera, la oración,
en esencia, es tan solo procesar
nuestros sentimientos, emociones
y preocupaciones en la presencia de Dios.
Es volvernos a Él intencionalmente.

CAPÍTULO 8

ÉL HABLA TU IDIOMA

El portero le abre la puerta y las ovejas oyen su voz. Llama por nombre a las ovejas y las saca del redil. Cuando ya ha sacado a todas las que son suyas, va delante de ellas y las ovejas lo siguen porque reconocen su voz. Pero jamás seguirán a un desconocido; más bien, huirán de él porque no reconocen la voz del extraño.

Juan 10:3-5

¿Cómo podemos oír y reconocer la voz de Dios? Es uno de los aspectos más importantes y desafiantes de la fe. Aquí, la Biblia vuelve a una de sus metáforas favoritas: Dios es el pastor, nosotros somos sus ovejas.

Alerta de tangente: ¿alguna vez te has preguntado por qué los humanos no podemos ser animales más impresionantes en estas alegorías? ¿Tal vez un pájaro magnífico o quizás una chita? Las ovejas no son exactamente majestuosas y tienen una reputación espantosa. Son tontas, ciegas, siempre se pierden o se asustan prácticamente de todo.

Por otro lado, en este pasaje, las ovejas están teniendo un momento importante. Están discerniendo, conocen la voz de su cuidador y lo siguen. También son astutas, no se dejan engañar por un impostor. Divisan al farsante desde lejos y con sabiduría se alejan.

Las ovejas, ¿son iguales a nosotros?

Tal vez en nuestros mejores días, sí. Es sumamente difícil oír la voz de Dios en nuestra cultura escandalosa, acelerada y bulliciosa. Todo lo que nos rodea es ruidoso: internet, nuestra música, nuestros niños, nuestros problemas y nuestras distracciones.

Y de Dios se dice que tiene «un suave murmullo» (1 Reyes 19:12). Con razón nos perdemos tanto.

———

Cuando tuve a mi primer bebé, hubo algo que me fascinó. Bueno, muchas cosas, como sus pequeños chillidos, sus miradas dulces, sus lindos labios de rosa o el volumen increíble de sus eructos de camionero. Pero, volviendo al tema, de alguna manera, aun teniendo solo días de nacida, ella parecía reconocer mi voz.

Los recién nacidos son fascinantes, pero, seamos sinceros, no hacen demasiado. Algunos dicen que el primer mes de vida, en realidad, es el décimo mes de gestación; los niños no están listos para el mundo, pero son demasiado grandes para el vientre. Cuando estaba embarazada de Charley, que vino al mundo con casi diez libras (4,5 kg), yo estaba tan enorme que mis compañeros de trabajo decían que mi panza entraba a los lugares treinta segundos antes que yo.

En esas primeras semanas, los recién nacidos más que nada duermen, lloran y apenas abren los ojos. Y, aun cuando lo hacen, no pueden ver mucho. Pero sí pueden escuchar, y mucho más que solo el bullicio indistinto del mundo. Para cuando nacen, muchos bebés saben y reconocen el sonido de las voces de sus padres. Durante las primeras semanas de Vale, juro que a veces podía verlo: ese diminuto cúmulo de piel, de apenas días de vida, con los párpados bien cerrados, reaccionaba con estímulos, movimientos o parpadeos cuando mi voz familiar se acercaba.

Vamos a enfatizar el punto. ¿Cómo es que mi recién nacida parecía reconocer la voz de su mamá desde el momento en que llegó al mundo? Porque habíamos pasado mucho tiempo juntas y habíamos estado conectadas íntimamente, éramos inseparables, literalmente. Reconocería mi voz en cualquier lugar.

Lo mismo sucede con nuestra relación con Dios. Si queremos reconocer su voz, es vital que tengamos una conexión íntima, que pasemos momentos juntos, que lo registremos. Debemos pasar nuestra vida con él, como un bebé lo hace con su mamá.

Podemos extender la metáfora aún más (¡Sí, hagámoslo!). Piensa en alguien a quien realmente conoces. Puede ser tu pareja, tu hermano o tu padre. No solo reconoces su voz, sino también su tono. Conoces sus inflexiones, sabes lo que dicen, aun cuando no lo hagan

Si queremos reconocer su voz,
es vital que tengamos una
conexión íntima, que pasemos
momentos juntos, que lo
registremos. Debemos pasar
nuestra vida con Él.

directamente. Por ejemplo, cuando le pregunto a mi esposo: «¿Quieres acostar a los niños esta noche?». En realidad, le estoy diciendo: «Tienes que acostar a los niños esta noche», no le estoy preguntando. Él me conoce tan bien que sabe lo que quiero decir.

(Afortunadamente, Dios no es pasivo-agresivo).

Para estar tan en silencio que podamos oír la voz de Dios, necesitamos más que un lugar tranquilo; necesitamos quietud en nuestro espíritu y en nuestra alma. Necesitamos hacer espacio para él, estar presentes, con corazones abiertos y oídos alerta.

Y, por cierto, lograr tranquilidad es difícil. La calma es difícil. Este no es un prerrequisito, pero es otro umbral imposible que tenemos que cruzar antes de que Dios nos hable. Sin embargo, sin dudas hace que sea más fácil oírlo cuando habla.

A lo largo de los años, siento que he experimentado la voz de Dios una o dos veces como máximo. Y no fue una voz fuerte y resonante como solemos creer. Fue un pensamiento firme, sorpresivo y casi intrusivo que parecía venir de algún lugar por fuera de mí.

Kristin Chenoweth, la actriz de Broadway, una vez dijo que para ella la voz de Dios era como una «huella» en su corazón, una marca que sentía muy dentro de ella.[1] Me gusta la forma en que lo dijo.

Puede que te preguntes: ¿Cómo saber que la voz que oyes no es tan solo un diálogo interno propio o, peor aún, que es tu propio autoconsuelo o deseo?

No tengo un plan de respaldo perfecto para protegerte de eso, pero, en mi experiencia, cuando oigo la voz de Dios, por lo general, dice algo que nunca esperaría oír de él. Es algo externo a mí, es consistente con quien es Dios, se hace eco de la Biblia y no siempre me dice lo que quiero oír.

———

Hace algunos años, a mediados de mis treintas, estaba atravesando un tiempo difícil en mi vida personal. Oraba todos los días, escribía en mi diario, buscaba refugio en las escrituras y le suplicaba a Dios una respuesta. Las oraciones variaban dependiendo de la angustia de ese día en particular, pero concluían en el mismo pedido: sálvame, condúceme, ayúdame y rescátame. Oraba por esto día tras día, semana tras semana, meses y hasta años. Nada parecía cambiar. Luego, un día, recibí una respuesta sorpresiva. Un pensamiento se chocó con mi conciencia como un cometa, de forma estremecedora e inesperada, y detuvo mis pasos.

Estoy rescatándote.

Supe que este pensamiento no venía de mí, porque era lo último que sentía o creía. No me sentía rescatada en ese momento; por el contrario, me sentía sola y abandonada. Sin embargo, alguien (¿Dios?) parecía estar diciéndome que estaba, de hecho, en medio del proceso de rescatarme.

No puedo decir que ese pensamiento me consolara en ese momento, no exactamente, pero fue imposible de ignorar. Su carácter inesperado y su autoridad me obligaron a considerarlo. ¿Y si en realidad Dios está rescatándome? ¿Justo ahora? ¿En este momento? ¿En medio de mi tristeza? ¿En los tiempos difíciles, cuando nada parece mejorar?

Esa oración se quedó en mí. Al poco tiempo, encontré consuelo en lo que Dios parecía estar comunicándome. Al menos, me decía:

Yo estoy aquí. No te he olvidado. Después, con el beneficio de los años, la distancia y la perspectiva, lo entendí mejor. En ese momento, cuando Dios dijo: *Estoy rescatándote*, estaba diciendo algo como esto:
Savannah, este es el rescate.

Este momento, este dolor, esta angustia, este es el sendero a la libertad. Este es el camino que te guiará, porque esto es lo que va a forzar el cambio.

Así es como te estoy rescatando.

(Alerta de espóiler: él sí me rescató).

> El portero le abre la puerta y las ovejas oyen su voz. Llama por nombre a las ovejas y las saca del redil.
>
> *Juan 10:3*

Volvamos a las ovejas.

Me encanta esta parte de la Biblia. Él nos llama por nuestro nombre. Esto significa más que solo conocer quiénes somos. Él sabe cómo llegar a nosotros. Nuestro Dios sabe exactamente qué decirnos.

En estos días, oímos mucho sobre los «lenguajes del amor». Especialmente en el matrimonio debemos aprender que nuestras parejas reciben amor de una forma diferente a la nuestra. Mi lenguaje de amor podría ser que Mike acueste a los niños por mí y el lenguaje de amor de Mike podría ser… un masaje de pies (Dios, por favor, no).

Dios conoce nuestro lenguaje de amor. Piensa en todas las veces en que te sentiste conmovido por él. Puede ser mediante una persona, una interacción, una canción o la escena de una película.

Dios sabe lo que nos conmueve, sabe cómo conectar con nuestros corazones y las palabras no lo limitan. A veces, no necesita palabras en absoluto.

Hace años, alguien que conozco me contó la historia más hermosa y sorprendente acerca de cómo llegó a la fe.

Su nombre era Susan. Ella había pasado sus veintes como estudiante de postgrado y decidió vivir en Irlanda por un año. Encontró un pueblito en una zona lejana de ese país y se mudó allí para hacer sus estudios. Ella me explicó que el tipo de investigación académica que estaba realizando la había llamado a vivir, trabajar y moverse entre la gente, a ser parte de su comunidad. Un día, un grupo de escolares irrumpieron en su cocina, ingresaron por la puerta y le preguntaron sin rodeos por qué nunca iba a la iglesia.

Dios sabe exactamente qué decirnos.

«Debe ser muy pecadora», le dijeron con su dulce entonación irlandesa.

Hace poco, le escribí a ella y le pedí que me contara la historia nuevamente. Ella me escribió enseguida:[2]

> Bueno, hace mucho, mucho tiempo, en un lugar muy, muy lejano, yo era una estudiante de postgrado en antropología, que viajaba por el mundo y aprendía de otras culturas por inmersión. Viví en varios lugares y finalmente me quedé en Irlanda por ser el lugar sobre el que quería escribir mi tesis. Por ende, viví en un pueblo de pescadores apartado y aprendí a hablar el idioma gaélico irlandés.
>
> Tenía una máquina de escribir manual y, luego de mis experiencias, me sentaba en la cocina de la gran y antigua casa de

hacienda vacía que alquilaba, con vistas al escarpado acantilado con olas rompientes que había debajo, junto a una estufa de carbón, y allí escribía mis notas de campo. Un día, unos niños se metieron en la cocina (las puertas nunca se cierran con llave y golpear es innecesario). Los miré a la espera, sin tener idea de por qué estaban allí. Una niñita fue empujada hacia adelante para hablar por el grupo y dijo:

—Mamá dice que debes ser una pecadora horrible —. Me quedé impactada y pregunté:

—¿Por qué?

Ella dijo: —Nunca vas a la iglesia.

—¿Eh? — dije yo.

—Sí, nunca pusiste un pie en la iglesia— dijo ella.

Ahí me di cuenta de que no estaba haciendo un gran trabajo para integrarme. Uno de los principios claves de la investigación antropológica es convertirse en parte real de eso o esos a quienes estás estudiando. Allí supe que debía aparecer en la iglesia del pueblo, arremangarme por el camino de tierra e integrarme.

No era fácil para una chica judía criada para desviar la mirada cada vez que veía una cruz («Él no es nuestro salvador», «D-s no toma forma humana», etc.). No era fácil estar en una iglesia pequeña sin conocer lo elemental para asistir a un servicio, y era doblemente difícil porque no entendía nada de lo que decían, porque la misa era en gaélico irlandés. El gaélico que yo estaba aprendiendo era el coloquial, lo necesario para pedir una cerveza en un bar o comprar alimentos en la tienda. Mi gaélico era comprometido y sincero, pero extremadamente limitado.

Así que allí me senté en la misa, apretada en un pequeño banco con las mujeres. Esta iglesia era la más simple que había visto. Había estado en las grandes catedrales, en Londres, París, Nueva York, Roma… pero como turista. Esta iglesia diminuta era un edificio de una sola sala, como una escuela de una sola aula, con las paredes blancas, bancos de madera, una pequeña ventana bien arriba detrás del altar, por la que se asomaba la luz del sol y una cruz de madera sola, sin ese Jesús muerto y tenebroso colocado en ella. Podía soportar mirarla, quería hacerlo. La simpleza de la iglesia, la belleza pura de la luz y el sentimiento de ser uno con la gente que estaba aprendiendo a conocer, como el cartero, el maestro, el granjero, todo eso me desarmó. Todos éramos uno, un corazón latiendo junto, como uno. El sentimiento de estar unidos por un bien mayor me abrió los ojos y el corazón. Me senté y escuché sin entender una sola palabra. Pero me encantó cómo se oía…

Mientras la misa continuaba, sentí una paz en mi corazón y un silencio en mi alma que nunca había sentido. Era como si Dios estuviera abrigándome por dentro con sus manos; podía sentirlo, podía oírlo y podía sentir la paz de Cristo que sobrepasa todo entendimiento humano, sin embargo, todavía no tenía las palabras para describirlo en ese entonces. Pero sí pude sentirlo.

Mi amiga Susan no se hizo creyente de inmediato. De hecho, su camino hacia la fe fue un viaje doloroso que le llevó años. Pero comenzó allí, en aquella pequeña iglesia irlandesa.

Nunca olvidé esta historia, una joven de una religión completamente diferente que conoció a Dios sentada en una iglesia sencilla, oyendo una misa en palabras que literalmente no podía entender. Sin embargo, Dios habla nuestro idioma.

De hecho, Dios habla con fluidez el idioma particular de cada corazón humano.

Entonces, ¿qué te dice a ti la voz de Dios? Bueno, eso es entre tú y él, ¿no?

En todo caso, volviendo a la metáfora que le gustaba a Jesús, el mensaje está bastante claro. El pastor llama a las ovejas. En su forma más simple, Dios siempre está llamándonos. Él sabe nuestro nombre.

Si lo escuchamos de verdad, conoceremos su voz. Y, siempre, en resumidas cuentas, está diciendo una cosa: «Ven conmigo».

CAPÍTULO 9

ACURRUCADA CON DIOS

Estoy haciendo la meditación *Lectio Divina* en la aplicación otra vez. El narrador lee una porción de las Escrituras tres veces, intercaladas con períodos largos de silencio. Luego de la lectura final, la voz le habla al oyente: «Ahora, deshazte de todo esfuerzo y solo descansa con Dios».

Lo intento. De veras.

Descansa, descansa, descansa. Esta soy yo, descansando. Estoy descansando con Dios.

Debo apurarme a descansar para continuar con mi día.

Descansa, ¡ya!

La mente deambula, como un bebé que gatea fuera de su alfombra.

Intento crear una imagen visual. ¿Cómo sería descansar con Dios? ¿Cómo imaginar un descanso con Dios? Es una prueba. Ni siquiera en mi mente puedo encontrar un lugar cómodo. Intento recostarme en una manta sobre el pasto, boca arriba, mirando hacia el cielo azul, e imagino a Dios junto a mí, mirando hacia arriba también. ¿Tal vez sosteniendo mi mano?

No, borra eso. Estoy sentada erguida, en una silla, una de esas cómodas que se reclinan, o tal vez en un sofá, y Dios está sentado junto a mí. Estamos hombro con hombro, con los brazos a los lados, nuestros meñiques se tocan. Me siento allí por un minuto. Dios y yo. Se siente incómodo, como una mala primera cita; no se siente relajante ni tranquilizador.

Descansa con Dios, solo descansa con Dios.

No estoy descansando.

Cuando mi hija no puede dormir, ella se asegura de que nadie más pueda. Irrumpe en mi habitación, justo cuando mis ojos comienzan a sentirse pesados.

—Mamá, no puedo dormir. ¡Ayúdame! ¿En qué puedo pensar?

Me quejo por dentro: *Ya, ¿cómo voy a saberlo?*

—Piensa en caballos, carruseles o arcoíris —le digo—. Piensa en caballos en carruseles hechos de arcoíris. No sé cómo decirte que descanses, cariño. Solo ve a la cama.

Ahora yo soy ella: *Dios, ¿en qué puedo pensar?*

Estoy inquieta, en movimiento.

¿Por qué descansar es tan difícil?

Un nuevo día. Intento hacerme la imagen otra vez. Tal vez, estoy acostada en mi cama, de mi lado, con las rodillas recogidas, los brazos flexionados y las manos entrelazadas en oración debajo de mi cabeza. Así es como me gusta dormir, en posición fetal. Ahora estoy cómoda, mucho mejor, bien acurrucada, con las mantas cubriéndome hasta los hombros. Pero ¿dónde coloco a Dios en este escenario? No me gusta que nadie se acurruque junto a mí. Descartado. No quiero cucharear con Dios.

El solo hecho de pensar en esa proximidad ya me inquieta.

Solo descansa con Dios.

Es el día después de Pascua. El versículo del día trata sobre las manos perforadas de Jesús, las manos con cicatrices que ofreció como prueba a los discípulos escépticos. Recuerdo que solía imaginarme sosteniendo la mano de Dios cuando era una niña pequeña. Cuando tenía miedo o necesitaba consuelo, cerraba mis ojos y veía mis deditos envueltos en sus manos cálidas, dulces y fuertes.

De pronto, de la nada, una imagen diferente invade mi conciencia. Estoy recordando las manos de mi padre, sus palmas, en concreto. Eran sumamente delicadas. Me había olvidado lo planas, suaves y delicadas que eran, ¿casi sin líneas? Sin líneas, sin fortuna, y sí murió joven, supongo. No había pensado en las palmas de mi padre en mucho tiempo.

Tranquilo, corazón.

Descansa.

No puedo colocar a Dios junto a mí ni siquiera en mi imaginación.
Porque no hay lugar que pueda contenerlo.

> Los cielos cuentan la gloria de Dios; la expansión proclama
> la obra de sus manos.
>
> *Salmos 19:1*

Dios está en la brisa, en el aire. Dios está junto a mí, invisible y en todos lados.

Dios está presente cuando inhalo y cuando exhalo.

Dios está en mis orejas, en lo que oigo y escucho.

Lo imagino como un sonido musical, una sola nota que se eleva justo por encima de todo el ruido, que perdura con dulzura, sin principio ni final.

Respirar.
Escuchar.
Manos inquietas.
Incomodidad.
Dejar ir.
Ser.
Aquí está él.

Solo tienes que estar aquí y ahora, y deja que Dios haga el resto.

Deja que *Dios* haga el resto.

Deja que Dios *haga* el resto.

De pronto, veo.

CAPÍTULO 10

ORAR CUANDO NO PUEDES

C ada noche, cuando Mike y yo arropamos a nuestros niños en la cama, nuestras oraciones son parte del ritual. Por lo general, cubrimos uno cada uno, él toma a uno y yo tomo al otro. Nos cambiamos en el medio tiempo, cruzándonos en el baño que comparten como Jack y Jill, y chocamos las palmas mientras intercambiamos los niños para terminar el día. (¡Lo de chocar los cinco era una broma!).

Nuestras oraciones son sinceras, pero, a esta altura, un poco repetitivas.

Querido Dios: Gracias por este día, gracias por mami, papi, Vale y Charley, nuestra familia. Gracias por [selección rotativa de distintos familiares]. Querido Señor, ayuda a Vale/Charley a recordar que son amados y protegidos, que tus ángeles los rodean, que son valiosos y adorados. Ayúdanos a ser nuestra mejor versión y recuérdanos que debemos compartir todo lo que tenemos. Ahora, trae tu paz y tu calma sobre Vale/Charley; que puedan descansar sabiendo que Dios los ama, y que mami y papi también. Amén.

Me gustaría decirte que nuestros hijos grandiosos escuchan con atención y de forma pensativa, con sus cabezas inclinadas en profunda reverencia. Sin embargo, es más como un sinfín de interrupciones con preocupaciones espirituales como: «¿mañana tengo gimnasia?», «¿me puedo comprar zapatillas nuevas?» o «¿cuántos centavos hacen un dólar?». Con mucha frecuencia, la hora de acostarse se vuelve una competencia épica de hermanos de inmediato, un colapso emocional chernobylesco o un momento de mal comportamiento común y silvestre («¡*No* tengo sueño!»). En esas ocasiones, improviso: «Dios, por favor, ayuda a Charley a recordar que morder a su hermana está mal» o «Señor amado, ayuda a Vale a no faltar el respeto, a ser dulce y amable con sus palabras». Es oración a la orden del día. Esto me recuerda a la historia que Jesús contó sobre la oración de los fariseos.

> Dos hombres subieron al Templo a orar; uno era fariseo, y el otro, recaudador de impuestos. El fariseo, puesto en pie y a solas, oraba: «Oh Dios, te doy gracias porque no soy como otros hombres —ladrones, malhechores, adúlteros— ni como ese recaudador de impuestos. Ayuno dos veces a la semana y doy la décima parte de todo lo que recibo».
>
> *Lucas 18:10-12*

¡Amo a este tipo! *¡Gracias, Señor, porque no soy como todas esas personas miserables!* Podríamos reírnos mucho de esos absurdos fariseos si no fuese porque muchas veces somos exactamente iguales. Cuando nos enfrentamos a alguien, cuando tenemos un conflicto, nos sentimos heridos o enojados por algo que hizo una persona cercana, nuestras oraciones pueden tener ese tono. «Por favor, Dios, ayuda a Joe a ver por qué está equivocado», «Señor, oro para que ayudes a Maggie con su tendencia a ser egocéntrica y victimista» o «Dale a la tía Bev una nueva perspectiva y sabiduría sobrenatural (… para que pueda estar de acuerdo conmigo)». Una vibra muy farisea.

Si los motivos de nuestras oraciones fueran conocidos o compañeros de trabajo ocasionales, no sería un problema, porque, es probable que ni siquiera oremos por eso. Sin embargo, muchas veces acudimos a la oración desesperados, cuando nos encontramos en conflicto con las personas que más queremos y esa lucha inunda nuestros corazones y nuestra alma. Estos son los casos difíciles, las situaciones más tensas, esas que más nos carcomen. En otras palabras: la familia (por lo general). Los esposos, las esposas, las madres, los padres, las hermanas, los hermanos, las tías, los tíos, los primos, la familia política… escoge tu veneno. El historial largo, los traumas compartidos, la conexión profunda y la gravedad del interés emocional: eso es lo que hace que estos dolores sean tan persistentes e imposibles de ignorar. En esos momentos es cuando más necesitamos de la oración y, a menudo, es cuando más difícil se nos hace.

Mi hermana es, por mucho, la persona más sabia, inteligente, atenta, creativa, generosa y totalmente original que conozco. Ella es mi compañera de por vida. Conocemos los pensamientos y las formas de la otra; nuestras tristezas y debilidades, nuestros puntos de cosquillas y nuestros puntos débiles. Somos infinitamente diferentes en el exterior, pero muy similares en esencia. Ambas manifestamos la infancia que compartimos a nuestra propia manera.

En sus memorias, la escritora y maestra bíblica Beth Moore dijo que ella y sus hermanos tenían «diferentes trozos de los mismos secretos… en nuestros platos».[1] Annie y yo tenemos diferentes trozos de las mismas angustias.

A veces, la forma que utilizamos para encontramos entre nosotras en los tiempos difíciles es Dios, el sexto miembro de nuestra familia, como dijo mi hermana de forma tan memorable. Yo sé cuándo ella ora por mí, y creo que ella también sabe cuándo oro por ella. El resultado es una alquimia santa. Dios nos une, no siempre con la resolución inmediata del conflicto, pero uniéndonos nuevamente de forma eterna. Dios nos envía juntas a nuestra sala espiritual y nos encontramos en la oscuridad. Cuando oramos por la otra, sabemos y creemos profundamente que nuestras intenciones hacia la otra son buenas. Nuestro fundamento es el amor, tenemos integridad en nuestras luchas, estamos dispuestas a ver nuestros propios errores y estamos comprometidas con nuestra relación a largo plazo. Por la eternidad.

En esos momentos difíciles,

Dios puede ser la forma en que

encontremos el camino

de regreso.

La autora Shauna Niequist escribió acerca del conflicto y la oración en su libro *Guess I Haven't Learned That Yet* [Supongo que aún no he aprendido eso].[2] Shauna y yo asistimos a la misma iglesia en la ciudad de Nueva York, y una vez la oí dar un sermón sobre esto. Ella dijo algo que cambió lo que yo pensaba de la oración: cuando no tienes palabras, usa lo que sí tienes. Ora con tu imaginación.

A veces, cuando mis sentimientos me traicionan, cuando me siento distante, enojada o con miedo a ser vulnerable, cuando las palabras están más allá de mí, oro con mi imaginación. Imagino a mis hijos en paz, felices, seguros y ¡sin pelear! Imagino a mi esposo realizado y en paz. Imagino su cara y lo veo en un entorno tranquilo. O imagino a mi hermana hermosa, serena, sonriente, riendo. Me la imagino rodeada de naturaleza, donde sé que se siente más en casa y centrada, o escalando una montaña, parada en la cima, maravillada con la belleza, dando vida a algún poema en su mente preciosa.

No hay un plan secreto para estas oraciones más que el gozo que siento al imaginar la felicidad de mis seres amados y evocar su dulce presencia en mi mente. No sé si ellos pueden sentirlo, y tampoco sé si cambia algo para ellos, pero eso me cambia a mí. Shauna dijo que es como el yoga, cuando respiras mientras te estiras y descubres que puedes ir más lejos de lo creías.[3]

El amor me inunda, ablanda mi corazón, disipa mis miedos y la atmósfera cambia. Las palabras no pueden expresarlo. Es algo divino, en todo sentido.

CAPÍTULO 11

SALMO 23

C uando tenía unos diez años, fui a quedarme en la casa de mis primos por una semana. Ellos vivían en otra tierra (¡Phoenix!), a dos horas en auto desde Tucson, Arizona, mi ciudad natal. Mi prima hermana Teri Stauffer es la sobrina de mi padre, pero nos llevamos veinte años, por lo tanto, siempre fue más como una tía para mí. Sus tres hijos, Paige, Charley y Holly, son mis primos segundos, pero son más cercanos a mi edad. Ellos son casi como otros hermanos para mí. Todos crecimos juntos, nuestras familias nos dejaban cambiarnos de casa los fines de semana, pasábamos largos días en la piscina, jugando a disfrazarnos, inventando obras de teatro o corriendo por el desierto; teníamos nuestras pequeñas rodillas raspadas o sangrando por los encuentros frecuentes con los cactus y nuestras narices rosas quemadas por el sol.

Casi una vez al año, durante el verano, la prima Teri organizaba un plan para «secuestrarnos» a mi hermana y a mí. El plan era así: los primos nos visitaban por unos días en nuestra casa de Tucson y en la mañana en que debían irse, Teri nos despertaba temprano, callándonos en la oscuridad antes del amanecer, y escapábamos. Nos apiñábamos en su camioneta destartalada y nos dirigíamos al norte, con el cielo manchado de colores naranjas y rosas brillantes mientras el sol se asomaba por el paisaje descolorido del desierto. En algún lugar entre Phoenix y Tucson, Teri hacía una parada rápida y nos dejaba llamar a casa desde un teléfono público a Annie y a mí. «¡Mamá! ¡La prima Teri nos secuestró para llevarnos a su casa!». Mi madre fingía sorpresa, se quejaba de cuánto nos iba a extrañar y luego nos aseguraba que iba a venir a rescatarnos en unos días.

Nuestras dos familias eran unidas en todos los sentidos, en geografía, en relación y en fe, la cuerda que nos une de forma más profunda. Teníamos vidas espirituales casi paralelas: asistentes a una iglesia, miembros del coro, voluntarios de la escuela dominical y maestros de estudio bíblico (en un momento dado, toda la familia Stauffer se mudó a Brasil para plantar una iglesia y se volvieron misioneros de tiempo completo. Una historia para otro momento).

Los tres hijos de Teri, mis primos, eran unos años más jóvenes que mi hermana y yo, y en esas aventuras de «secuestros», a veces daba por hecho que Annie y yo éramos más maduras y grandes de lo que verdaderamente éramos. Una vez, me eché a llorar en la mesa del desayuno luego de que Teri, que estaba cortándole la comida a sus hijos, esquivara mi plato.

—¿Por qué lloras? —me preguntó sorprendida.

—¡Mi mamá *corta* mis panqueques en casa! —le dije.

Ella sonrió y me apretujó:

—¡Lo siento mucho! ¡A veces me olvido de que aún eres pequeña también!

Tenía unos cinco años en ese entonces, pero a medida que pasaron los años y continuamos con nuestra atesorada tradición veraniega, amé sentirme más madura, y ser independiente de mis padres era parte de la magia de estar lejos. Tengo recuerdos de observar en silencio a Teri atareada con sus quehaceres matutinos. Uno de sus amados rituales era su pausa para tomarse un café con la vecina de enfrente. A veces, me dejaba sumarme. Aún puedo vernos sentadas en la mesa de la cocina de Najwa, tomando «café» (para mí solía ser una taza de leche caliente), mientras las adultas conversaban. No entendía la conversación, pero me encantaba pasar tiempo con las señoras.

Una de esas mañanas, Teri me mostró el Salmo 23, un pasaje que iba a llevar conmigo por el resto de mi vida. Ella me dio su Biblia y me dijo que lo buscara y memorizara. Yo estaba intrigada y me sentía un poquito orgullosa de mí misma. Para mí, era su forma de decirme: «Creo que ya eres lo suficientemente grande como para hacer esto»; era un voto de confianza en mi mente y en mi corazón.

Hasta el día de hoy, no sé por qué ella eligió ese pasaje en particular. El salmo 23 es famoso, aprendí después, pero no es fácil. Ya de por sí es bastante largo para ser un «salmo para memorizar» entre los niños y, para colmo, la versión que ella me dio venía de una antigua traducción de la Biblia, con pronombres antiguos y palabras arcaicas.

Jehová es mi pastor; nada me faltará. En lugares de delicados pastos me hará descansar; junto a aguas de reposo me pastoreará.

Confortará mi alma; me guiará por sendas de justicia por amor de su nombre.

Aunque ande en valle de sombra de muerte, no temeré mal alguno, porque tú estarás conmigo; tu vara y tu cayado me infundirán aliento.

Aderezas mesa delante de mí en presencia de mis angustiadores; unges mi cabeza con aceite; mi copa está rebosando.

Ciertamente el bien y la misericordia me seguirán todos los días de mi vida, y en la casa de Jehová moraré por largos días.

Salmo 23, RVR*1960*

El significado de este pasaje era indirecto y casi incomprensible para mí. «Unges mi cabeza con aceite…» sonaba desagradable. Sin embargo, acepté el desafío, memoricé las palabras que apenas podía comprender y, de forma inexplicable, se quedaron en mí.

———

El salmo 23 es mi salmo. Es mi amigo y me ayuda; es un regalo que Dios me dio de niña y me hace redescubrir año tras año; siempre encuentro algo nuevo debajo de la superficie. Es como una gema que encuentra la luz de manera inesperada y deja ver nuevas facetas y colores brillantes.

Además, el salmo 23 es nuestro código secreto, de Dios y mío. A veces, en momentos de necesidad, aparece de la nada, como una notita de arriba. La primera vez que mi pastor me pidió que hablara en la iglesia, que diera una especie de sermón, estaba aterrada e intimidada, la mayor impostora. Y he aquí que... ¿cuál fue el himno elegido por el director de música esa mañana? Una adaptación musical del salmo 23. Sonreí para mis adentros. Mensaje recibido, de una forma en que solo Dios y yo podríamos entender. *Estoy aquí. Estoy contigo.*

Pero, en realidad, el salmo 23 es el salmo de todos. Por algo es famoso y ha mantenido su interés y relevancia a lo largo del tiempo y las generaciones. Está abierto a ser interpretado y reinterpretado. Es la «Mona Lisa» de la Biblia; si das unos pasos hacia su costado, puede que lo veas bajo una luz completamente diferente. Libros enteros se dedicaron a sus pasajes fascinantes.

Es como una gema que encuentra la luz de manera inesperada y deja ver nuevas facetas y colores brillantes.

«Jehová es mi pastor; nada me faltará».

Todas nuestras necesidades están cubiertas, por el mismísimo Dios.

«En lugares de delicados pastos me hará descansar; junto a aguas de reposo me pastoreará».

Nuestra necesidad física, de alimento, agua y sustento, está cubierta.

«Confortará mi alma; me guiará por sendas de justicia por amor de su nombre».

Nuestra necesidad espiritual, de sentido y propósito, está cubierta.

«Aunque ande en valle de sombra de muerte, no temeré mal alguno, porque tú estarás conmigo; tu vara y tu cayado me infundirán aliento».

Nuestra necesidad de seguridad está cubierta.

«Aderezas mesa delante de mí en presencia de mis angustiadores».

Nuestra necesidad de identidad está cubierta, ¡somos los elegidos de Dios!

«Mi copa está rebosando».

Nuestra necesidad de perspectiva está cubierta.

«Ciertamente el bien y la misericordia me seguirán todos los días de mi vida».

Nuestra necesidad de esperanza está cubierta.

«Y en la casa de Jehová moraré por largos días».

Nuestra necesidad de eternidad está cubierta.

En esencia, el salmo 23 es un pasaje de descanso. Creo que recitar el salmo del pastor en una noche de insomnio es mucho más efectivo que contar ovejas. En esas horas largas y oscuras dando vueltas en la cama, con el temor de la alarma que se aproxima y crece más cada vez que miro el reloj, traigo a mi mente el salmo, desesperada. Lo recito para mí, vuelvo a andar por esos senderos largos y serpenteantes en mi mente. Tal vez me toma algunos ciclos mientras mis pensamientos deambulan entre preocupaciones y distracciones. Pero, de a poco, me obligo a volver a las palabras, como un pastor que convence a la oveja perdida de regresar a casa. Y, de forma inevitable, el sueño viene a mí.

Otras veces, en que estoy bien despierta y rodeada por la ansiedad, recurro a él para meditar, como una forma de poder enfocarme en otra cosa que no sean mis preocupaciones y miedos. ¿Alguna vez has notado lo enormes y tediosas que se vuelven las preocupaciones cuando estamos en la cama en nuestro momento más vulnerable? Las cosas comunes, como si hacer panqueques caseros para el cumpleaños de mi hijo o comprarlos hechos en la tienda, pueden ganar una importancia angustiante en la oscuridad de la noche. Por la mañana, me despierto y pregunto: «¿Qué diablos fue todo eso?» (Los compro en la tienda, ¡obviamente!).

En noches como esas, a veces cierro los ojos y dibujo cada línea de mi salmo, y así desvío mis pensamientos ansiosos al visualizar cada escena: el pasto delicado, el pequeño arroyo. En mi mente imagino el cielo azul brillante, siento la tierra sólida debajo de mis pies, una brisa suave y el calor del sol en mi rostro. Las escenas de calma que introducen el salmo 23 son un espacio agradable para invitar a una mente inquieta a sentarse por un rato.

Estas imágenes ahora ya son parte de mí; han venido a representar la mismísima presencia de Dios, cómo debe verse y sentirse. Este lugar sereno y tranquilo es mi hogar espiritual y he llegado a entender que el salmo ofrece un descanso más profundo que el físico, mucho más que un alivio momentáneo del agotamiento. Habla de un respiro de la condición humana en sí misma.

El verdadero descanso espiritual viene cuando dejamos de sentirnos frenéticos y desesperados por ocuparnos de nosotros mismos, cuando dejamos de acaparar por una sensación de escasez y miedo. El verdadero descanso viene cuando sabemos quiénes somos: los amados y cuidados por Dios. Puesto de otra manera, este salmo dice: «Ya puedes relajarte. Deja tu trabajo y tu esfuerzo, porque Dios está aquí, presente y productivo».

Mi hija nació en 2014 y decidimos no saber el género del bebé. Sin embargo, por alguna razón supusimos que sería varón y la verdad es que nunca pensamos nombres de niña. Imagina nuestra sorpresa cuando salió y el doctor exclamó: «¡Es una niña!». Estábamos encantados, llenos de alegría —yo un poco nublada por los analgésicos— y tuvimos que ponernos a pensar nombres de niña rápidamente. Mucho tiempo atrás, había oído el nombre Vale al pasar y siempre me había gustado. De milagro, a Mike le gustó también. Es poco común, pero digno. No es un nombre de moda ni molesto. Puede ser poeta o secretaria de Estado con ese nombre. Vale iba a ser.

No conocía mucho acerca del origen de la palabra, solo que era una palabra inglesa antigua que ya casi no se utiliza y significaba, en esencia, «valle de paz». Más tarde la encontré en himnos antiguos de la iglesia («campos y bosques, valles y montañas… ¡alabándote

> El verdadero descanso viene cuando sabemos quiénes somos: los amados y cuidados por Dios.

eternamente!»)[1] y estaba encantada. Pero no fue hasta hace poco, años después de su nacimiento, cuando me percaté de que su nombre evoca las mismas imágenes del salmo 23 que siempre había atesorado. ¿Cuál ese lugar tranquilo, de delicados pastos junto a aguas de reposo si no es un valle?

¿No les parece que Dios es interesante?

Leyendo las páginas de un diario viejo, me topé con una joya, un garabato desordenado en una hoja de libreta suelta (como estaba engalanada con el logo de mi bufete de abogados, diría que fue escrita por el 2003).

El salmo 23 en mis propias palabras:

Dios mismo está cuidándome; cada una de mis necesidades está cubierta. Él me hace relajarme, descansar, abandonar el control y sentir su consuelo, como pasto fresco que me envuelve. Adonde me lleva, encuentro paz; Él me muestra tranquilidad y calma. Él me devuelve todo lo que el mundo me ha quitado y con cariño remienda las piezas de mi corazón. Él va delante de mí, forjando un camino recto de bondad, hecho por sus propios pasos y examinado por su presencia. Él me presenta un camino que le dará sentido a mi vida, permitiéndome ser un orgullo para su nombre. Aun cuando vea a la muerte o me enfrente a una vida de oscuridad y desesperanza, dudas y miedos, él me guiará milagrosamente, con confianza a pesar de las circunstancias, triunfante aun cuando las cosas se desmoronan a mi alrededor. Creo en el gran poder de Dios, ese poder dador de vida, creador de la tierra y sostén del universo, me reconforta saber que aquel que sostiene el universo también es quien me sostiene. Dios ha derramado su favor sobre mí, me ha bendecido generosamente, me ha avergonzado con riquezas de todo tipo. Me ha seleccionado, me ha elegido entre la multitud y me ha amado de forma excesiva frente a todos para que el mundo vea. Tengo muchas bendiciones para contar y estoy llena de amor por aquel que me ha bendecido. Gracias a esto, a que Dios me ha mostrado su amor y su devoción, a que me salva todos los días y me conduce por esta vida, tengo la confianza de que no me va a abandonar y de que su bondad, su generosidad, su gracia y su compasión también van a estar conmigo todos mis días. Y sé que Él me dará la bienvenida a casa, como una hija que regresa al Padre, y veré que reservó un lugar para mí y me invitó a quedarme para siempre.

Las palabras de Dios son para esto: para degustarlas, entretenerse y disfrutarlas. Sus palabras están hechas para ingerirlas y absorberlas en nuestro torrente sanguíneo. Están hechas para ser parte de nosotros. Cualquiera sea tu «salmo 23» (un versículo, una frase, una canción), si te habla al alma, probablemente sea Dios hablándote.

La palabra de Dios no es un libro de referencia en una biblioteca que tomamos de un estante cuando queremos información. No hay nada inerte o libresco en sus palabras. Las palabras de Dios... nos golpean donde vivimos. En el momento en que descubrimos esto, que Dios nos habla, el deleite es espontáneo.[2]

Eugene Peterson, *Living the Message*
[Viviendo el mensaje]

El verdadero descanso
espiritual viene cuando dejamos
de sentirnos frenéticos y
desesperados por ocuparnos de
nosotros mismos, cuando dejamos
de acaparar por una sensación
de escasez y miedo.

CAPÍTULO 12

UN BUEN DÍA EN EL VECINDARIO

Hace algunos años, salió una película sobre Mister Rogers. Tom Hanks fue quien interpretó al maestro de la amabilidad, vestido de cárdigan (el reparto perfecto, si es que existe). Más que nada narraba la historia de cómo un pastor amable de Pittsburgh se convirtió en el gigante de la televisión pública y en un ícono estadounidense.

Recuerdo que veía al Señor Rogers cuando era pequeña. Me gustaba cómo arrojaba su zapatilla en el aire mientras se cambiaba los

zapatos y la forma en que sus cárdigan estaban ordenados cuidadosamente en el armario de la sala. Disfrutaba la tierra de fantasía y ese
cartero que siempre pasaba a saludar.

Irónicamente, uno de mis primeros recuerdos (un poco doloroso)
involucra al Señor Rogers. Yo iba al jardín de infantes de medio
día, y mis hermanos aún estaban en la escuela, cuando, una tarde,
mi mamá, intentando aliviar mi aburrimiento, me ofreció encender
El vecindario del Señor Rogers en el televisor de la sala de estar. Todavía recuerdo ese televisor viejo y tosco, con sus dos antenas puntiagu-
das apuntando torcidas a la izquierda y a la derecha, un botón para
el volumen y uno para cambiar el canal. Ah, esos buenos tiempos en
los que, literalmente, tenías que cruzar la sala para cambiar de canal,
que seguramente sea el motivo por el cual mi hermana y yo nos
tirábamos en la alfombra a tres pulgadas de distancia del televisor.

—¡Niñas! —nos gritaba mi madre—. ¡Muévanse para atrás! ¡Se
van a arruinar la vista!

Pero ya me desvié del tema. Mi madre no sabía que su amable
oferta me generó un sentimiento de tristeza y dolor profundo y arrollador. «Soy muy grande para ver al Señor Rogers pensé. Pero mami
no lo sabe. Cree que soy una bebé». Me sentí triste, sentí lástima por
ella y culpa de que no se diera cuenta de que estaba creciendo. Así
que le seguí la corriente y le dije que tenía muchas, muchas ganas
de verlo (psicólogos, aceleren sus motores). ¿No son graciosos los
momentos que recordamos de nuestra infancia?

En fin…

Todos conocen al Señor Rogers como un educador de aspecto
amable y reflexivo, pero él también era un hombre devoto de la fe,
un ministro presbiteriano con formación. Como el Señor Rogers
era una criatura de hábitos y prácticas exigentes, tenía una rutina

Decir sus nombres en oración
se siente como un acto de amor,
un acto de significado y un
acto de esperanza. Elevar a las
personas que amo delante del
Dios en el que confío me acerca
más a Él y a ellas.

regular de oración. Oraba por las personas que conocía, todos los días, por nombre.

Justo ahora debes estar pensando: «Bien, gracias. Razón número diez mil millones por la que nunca seré tan santo como el Señor Rogers. Yo le grito a mis hijos y, sin duda alguna, no oro todos los días por cada persona de mi vida».

Eso es lo que pensaría si no hubiese visto una escena extraordinaria del Señor Rogers en la película *Un buen día en el vecindario*, en la que él se arrodilla junto a su cama, con sus manos entrelazadas, su cabeza inclinada y comienza a recitar nombres.[1]

Cecilia Sherman.

Colby Dickerson.

Y así seguía. Ya te imaginas.

Eso es todo. Sin narrativa, sin historia, sin pedidos, sin explicaciones, solo… nombres. Uno tras otro.

La idea es conmovedora y poderosa. También, instructiva. Tal vez queremos orar genuinamente por otros, nuestros amigos, familiares, compañeros o líderes; pero la cantidad es arrolladora, ni qué decir del intento de captar cada necesidad. Y, a veces, las oraciones por otros pueden estar cargadas de sentimientos, motivaciones encontradas, fórmulas, opiniones y, aunque nuestras intenciones surjan desde un buen lugar, es fácil perder el rumbo.

¿Q.H.E.S.R.? ¿Qué haría el señor Rogers?

Algunas mañanas, mi oración son nombres, solo nombres, así como él oraba. Susurro a Dios el nombre de mi esposo y me imagino su rostro. Mike. Luego mis hijos. Vale y Charley. Los imagino uno por uno, recuerdo sus dulces rostros. Mamá, Annie y Cam. Los veo en mi mente. Esta experiencia de oración es sorpresivamente poderosa; nos une profundamente con los nombres que pronunciamos y suaviza todas las asperezas. Decir sus nombres en oración se siente como un acto de amor, un acto de significado y un acto de esperanza. Elevar a las personas que amo delante del Dios en el que confío me acerca más a Él y a ellas.

Cuando el tiempo es corto, la vida nos acosa, las mentes se distraen y nuestros diálogos internos son agobiantes, podemos decir sus nombres, confiando en que Dios se hará cargo desde allí.

PARTE 3

ALABANZA

CAPÍTULO 13

TRAJE DE ALABANZA

«¿Qué estás vistiendo?».

He pisado algunas alfombras rojas en mi vida. Es salvaje. Te paras, bien apretada junto a un montón de otros reporteros (y, por lo general, bien apretada en tu vestido también). Y esperas (con mucha esperanza) que celebridades de primera línea te honren con su presencia absurdamente atractiva por un segundo fugaz. El evento previo a los grandes espectáculos de entregas de premios como los Emmy o los Globos de Oro es caótico. Los publicistas acompañan a clientes en extremo delgados y luminosos por una hilera de cámaras en vivo, mientras productores voraces de distintas cadenas les hacen señas con las manos levantadas al mejor estilo niños de escuela («Por aquí, por aquí, ¡por aquí!»), esperando que una de esas estrellas fabulosas se digne a frenar. Estas «entrevistas» tan deseadas duran entre treinta y noventa segundos. Es como una cita rápida, pero con menos posibilidades de una interacción genuina.

La pregunta, que resuena una y otra vez, tan presente en las alfombras rojas como el bótox y el hambre es: «¿qué estás vistiendo?». Todo es parte de la economía de las celebridades, por supuesto. A las estrellas les prestan vestimenta preciosa sabiendo que van a mencionar al diseñador en cada oportunidad que tengan. ¡Todos ganan!

«¿Qué estás vistiendo?». Una pregunta superficial e insípida, pero ¿y si es una pregunta espiritual y profunda?

En lo personal, nunca me gustó la pregunta (y sí, la he hecho a montones). Dejando a un lado el crimen contra la gramática, ¿a quién le importa realmente si el vestido es Prada, Pucci o Proenza? Me gustan las cosas lindas tanto como a cualquiera (y los atuendos son el único motivo para mirar estos especiales de alfombra roja), pero ¿no preferirían saber por qué eligieron ese traje en particular? ¿Cuántos se probaron? Si utilizan ropa interior moldeadora y, de ser así, ¿cuántos pares? Algo, cualquier cosa, más interesante que decir el nombre de la marca de un diseñador que no podemos pronunciar.

«¿Qué estás vistiendo?». Una pregunta superficial e insípida, pero ¿y si fuera una pregunta espiritual y profunda?

> Espíritu del Señor (...) me ha enviado (...) a consolar a todos los que están de duelo (...) a darles una corona en vez de cenizas (...), traje de alabanza en vez de espíritu de desaliento.
>
> *Isaías 61:1-3*

«Traje de alabanza». ¡Qué gran tesoro escondido en este pasaje antiguo y famoso de Isaías!

Pero, retrocedamos un poco.

> Alaben al Señor, invoquen su nombre.
>
> *Isaías 12:4*

«Alaben al Señor». Esta exhortación se encuentra a lo largo de todas las Escrituras. En el Antiguo y en el Nuevo Testamento, sea cual sea tu traducción favorita, lo verás una y otra vez.

> Grande es el Señor y digno de alabanza.
>
> *1 Crónicas 16:25*

> Así que ofrezcamos continuamente a Dios (...) un sacrificio de alabanza.
>
> *Hebreos 13:15*

> Bendito sea Dios, Padre de nuestro Señor Jesucristo, que nos ha bendecido en las regiones celestiales con toda bendición espiritual en Cristo.
>
> *Efesios 1:3*

¡Y ni siquiera llegamos al libro de los Salmos!

¡Exalten al Señor nuestro Dios! ¡Póstrense ante el estrado de sus pies!

Salmos 99:5

¡Que todo lo que respira alabe al Señor!

Salmos 150:6

Bendeciré al Señor en todo tiempo; lo alabarán siempre mis labios.

Salmos 34:1

Alaba, alma mía, al Señor; alabe todo mi ser su santo nombre.

Salmos 103:1

Den gracias al Señor; proclamen su nombre. ¡Den a conocer sus obras entre las naciones!

Salmos 105:1

Bendigan al Señor, ustedes sus ángeles, paladines que ejecutan su palabra y obedecen a su voz. Bendigan al Señor, todos sus ejércitos, siervos suyos que cumplen su voluntad. Bendigan al Señor, todas sus obras en todos los ámbitos de su dominio. ¡Bendice, alma mía, al Señor!

Salmos 103: 20-22

¡De acuerdo! Mensaje recibido.

Probablemente no debería admitir esto, en especial en un libro que habla de la fe, pero, a veces me he preguntado a mí misma (en secreto): *Uhhhh, ¿qué hay de todas esas veces que nos pide alabanza? ¿Por qué Dios siempre pide elogios? ¿Está buscando que le demos el crédito? ¿Nuestro Dios tiene una necesitad cósmica y eterna?*

Este pensamiento irreverente dio vueltas en mi mente durante mucho tiempo, aunque estaba muy avergonzada como para poder confrontarlo de verdad. Pero, por supuesto, Dios conoce lo que hay en nuestros corazones. Así que cuando me topé con esa frase de Isaías («traje de alabanza»), saltó de la página.

«Traje».

De pronto, lo entendí. Si la alabanza es un traje, ¿quién lo está vistiendo? Nosotros. Nosotros somos quienes nos adornamos con él. Dios nos dice que lo alabemos no por lo que eso hace en Él, sino por lo que hace en nosotros.

Fue como un rayo.

Cuando contamos nuestras bendiciones y recordamos por qué estamos agradecidos y qué es lo bueno en nuestras vidas, somos nosotros los que recibimos el beneficio.

Este llamado a alabarlo no es más que otro ejemplo de que «mayormente lo que Dios hace es amarnos». Porque Dios sabe que ser capaces de ir a un lugar de gratitud, ver más allá de nosotros mismos e ir a él, beneficia profundamente a nuestros corazones, nuestras almas y nuestras personas. Por supuesto que Dios, como el objeto de nuestro afecto, también es alabado, pero es a nosotros a quienes esa acción hace mejores, nos da ánimo y nos cambia.

Si la alabanza es un traje,
¿quién lo está vistiendo?
Nosotros. Nosotros somos
quienes nos adornamos con él.
Dios nos dice que lo alabemos no
por lo que eso hace en Él, sino por
lo que hace en nosotros.

_____

> ¡Cuán bueno es cantar salmos a nuestro Dios, cuán agradable y justo es alabarlo!
>
> *Salmos 147:1*

Él pide que lo alabemos, pero no para saciar una necesidad suya sino para saciar la nuestra. Somos nosotros los que nos vestimos con ese hermoso traje de alabanza.

Entonces… ¿qué estás vistiendo?

Una vez oí que se referían a la gratitud como la «fruta al alcance» del bienestar. Interesante. Pero eso insinúa que encontrar gratitud es fácil y a veces no lo es. A veces, encontrar gratitud es como estar escalando el Half Dome en Yosemite, sin poder recoger un melocotón que acaba de caer accidentalmente al suelo. Pareciera que requiere un gran esfuerzo desde adentro.

Si vienes de una crianza religiosa de cierta época, tal vez hayas oído hablar de una mujer llamada Joni Eareckson Tada. Mi madre la admira y leyó sus libros en la década de 1980. Recuerdo con claridad a mi mamá contándome en mi adolescencia acerca de Joni, como una inspiración espiritual y una historia aleccionadora al mismo tiempo. Joni, una joven atlética de Maryland, tenía diecisiete años cuando se lanzó de cabeza a aguas poco profundas y se quebró el cuello. Quedó paralizada al instante del cuello hacia abajo, cuadripléjica. Desde ese momento, Joni ha vivido una vida hermosa y honesta de fe y servicio. (¡Y creatividad! Pinta lienzos hermosos utilizando un pincel que sostiene entre sus dientes. Es extraordinario).

Años más tarde, ya entrada en mi adultez, me topé con una entrevista de ella en *Larry King Live*.[1] Como la recordaba de mi juventud, me detuve a mirarla. Ella contó la historia de cómo llegó a la fe. Dijo que no había sido en particular una persona devota antes de su accidente, y durante las semanas y meses insoportables posteriores, postrada en su cama de hospital, la vida alegre que imaginaba le fue quitada con crueldad; su desesperanza se volvió tan insoportable que deseaba morirse. Incluso intentó hacerlo, intentó romperse el cuello otra vez, allí en el hospital, pero su parálisis le impidió poder completar esa tarea.

Joni contó la historia del momento en que todo cambió para ella. Algunos amigos de la familia habían ido a su habitación de hospital a levantarle el ánimo. Llevaron pizza, vieron un partido de fútbol americano de la NCAA [Asociación Nacional Deportiva Universitaria, por sus siglas en inglés] y, según sus palabras, «me trataron como a un ser humano»,[2] no como a una inválida. Ellos también llevaron sus biblias. Aunque ella no era muy religiosa, Joni dice que su amabilidad les dio el derecho de poder abrirlas. El versículo que cambio su vida fue este:

> Den gracias a Dios en toda situación, porque esta es su voluntad para ustedes en Cristo Jesús.
>
> *1 Tesalonicenses 5:18*

Me quede mirándola asombrada. No podía creer que ese fuese el versículo que la conmovió de manera tan profunda. No era un versículo de ánimo, ni era uno que le prometía una vida mejor en la eternidad. No le daba nada; al contrario, le pedía. Llamaba a Joni a agradecer, con todo lo que se le había quitado. ¿Dar gracias? ¿En serio?

Y, sin embargo, eso es exactamente lo que cambió el rumbo de su vida. Joni misma dice que no lo entendió al momento. No es que desde ese día en adelante haya estado en éxtasis radiante todo el tiempo que pasaba despierta. La vida era difícil. Todavía alguien tenía que levantarla de la cama, bañarla y alimentarla. Algunos días le costaba muchísimo esfuerzo continuar. Sin embargo, la alabanza y la gratitud fueron sus curadores más potentes y ella dijo que cuanto más débil se sentía, cuanto más incapaz de hacer algo estaba, más fuerte se volvía Dios.

Sin importar dónde estés en este momento ni cómo te sientas, si quieres cambiar la atmósfera de inmediato, si quieres cambiar de aire de inmediato, alaba a Dios.

Alabanza. Gratitud. Acción de gracias.

Sin importar dónde estés en este momento ni cómo te sientas, si quieres cambiar la atmósfera de inmediato, si quieres cambiar de aire de inmediato, alaba a Dios.

Me gusta la traducción antigua del Salmo 22:3: «Tú que habitas entre las alabanzas de Israel» (RVR60). Él habita en las alabanzas de su pueblo.

Si estás preguntándote dónde está Dios, alábalo. De pronto, tú estarás en su presencia. Ya hemos aprendido su número de teléfono. Si buscas su dirección, aquí está su morada.

CAPÍTULO 14

VUELVE TUS OJOS

Un día, estaba yo sentada en mi cómoda silla antes del amanecer, envuelta en mi manta, leyendo el material instructivo del día para mi trabajo, cuando escuché el correteo de pequeños pasos en las escaleras. Solo bromeo. Lo que en realidad escuché fueron los estruendosos pasos de un peso pesado de boxeo como si estuviese cargando un piano enorme. En otras palabras, los pasos de una niña de ocho años. Estaba bastante segura de que era Vale, que se había levantado temprano y me buscaba. Yo ya estaba llegando tarde al trabajo, pero no pude resistirme a tomarla entre mis brazos un momento en tranquilidad antes de que comenzara el bullicio del día. La coloqué en mi falda con su pelo rizado sobre mi pecho mientras orábamos por el día que comenzaba. En tranquilidad. En silencio. Solas, solo nosotras. ¡Cómo atesoro esos momentos en mi corazón! Pronto, mi ángel de primaria va a ser una adolescente, tal vez una gruñona sin ganas de que mami la acune.

—Mamá —dijo mirándome mientras terminábamos de orar—, a veces puedo sentir que la tierra se mueve. —Yo hice una pausa, esperando más, y ella continuó—: ¿Viste que la Tierra se mueve alrededor del sol? A veces puedo sentir que se mueve. Puedo ver las nubes cruzando el cielo.

Yo sonreí y le dije que era genial que pudiera hacer eso. Ella salió corriendo.

La perspectiva celestial es tan excepcional y preciosa como esos momentos que le robamos a nuestros hijos en la oscuridad antes del amanecer.

Por supuesto que, en realidad, no podemos sentir el movimiento de la Tierra. Probablemente haya muy buenas razones científicas para eso (¿supongo?), pero también hay una razón espiritual por la que rara vez percibimos los momentos cósmicos y divinos que nos rodean. No estamos en silencio, no estamos quietos, no estamos a solas con Dios y tampoco buscamos en el lugar correcto. La mayoría de los días estamos mirando hacia dentro, hacia afuera o una combinación de ambas, pero miramos de forma horizontal, no vertical; no estamos mirando hacia el cielo.

Solo somos humanos, después de todo. Nuestra mirada, por defecto, es terrenal. Nuestro enfoque, por defecto, es hacia adentro, hacia nuestras necesidades, deseos, familias, nuestras idas y vueltas; nuestros trabajos, nuestra salud, nuestros sueños y nuestros placeres; todo es acerca de nosotros. La perspectiva no viene de forma natural. Así como a un niño al que se le enseña a decir «por favor», «perdón» y «gracias», nosotros también debemos aprender y practicar.

Al igual que muchas personas, yo lucho contra la oscuridad y los pensamientos premonitorios. No sé si lo mío tenga un nombre clínico. ¿Ansiedad, tal vez? No importa, no necesito nombrarlo, lo conozco de memoria. Lo reconocería en cualquier lado. Es un sentimiento intenso de temor, preocupación y culpa que se aferra a mi corazón como un tornillo. Es un sentimiento de incomodidad y ansiedad que me presiona constantemente, me inquieta. No sé si es una enfermedad real, pero no me deja tranquila. Una sensación persistente y, a veces, incansable de evitar el fracaso.

Lo que lo caracteriza es su misterio —¿por qué me siento así? Muchas veces, ni siquiera puedo dar en el clavo. Me atormento pensando de dónde viene, examino mi memoria, mis movimientos e interacciones buscando el verdadero motivo por el que me siento tan inquieta. ¿Hice algo malo? ¿Herí a alguien sin darme cuenta? ¿Estoy actuando de tal forma que atraigo las peores consecuencias? ¿Estoy en un limbo peligroso haciendo algo que Dios no aprueba? ¿Por qué siento que estoy en problemas? ¿Esa condenación cósmica está a punto de caer sobre mí? ¿Esa desgracia está siempre a la vuelta de la esquina?

> Nuestra mirada, por defecto, es terrenal. Nuestro enfoque, por defecto, es hacia adentro, hacia nuestras necesidades, deseos, familias, nuestras idas y vueltas.

Estos sentimientos, a veces, son una montaña que hay que vencer todos los días. Intento sonreír cuando aparecen en el trabajo o en la casa. Continúo y me guardo las preocupaciones para mí, pero, por dentro, esos pensamientos están pudriéndome, matan el gozo y roban la paz. Estoy segura de que en la química de mi cerebro y en mi infancia hay respuestas para esos sentimientos, —es tierra fértil para una profesional de salud mental. Y sí, tengo que continuar explorando esos caminos valiosos y lo haré.

Pero lo que también sé, en lo más profundo, es que necesito perspectiva. No solo decir «esto también pasará», «cuenta tus bendiciones» o «enfócate en lo positivo». Necesito ubicarme a mí y a mis preocupaciones en un contexto más amplio. En específico, en uno divino. Solo en el contexto de Dios puedo tener una perspectiva real.

Rick Warren, autor de *Una vida con propósito*, dijo: «La preocupación es la luz que advierte que Dios ha sido empujado a un costado».[1] Sin dudas es así. Por lo general, lo que desplaza a Dios es el mundo, todo lo que está aquí abajo, todas las distracciones y preocupaciones. La idea de esta observación no es para sentir culpa ni para echar más leña al fuego. Dios nos hizo. Él sabe que somos humanos, «recuerda que somos polvo», como dicen las Escrituras (Salmos 103:14). Sin embargo, todo es mejor cuando posamos la mirada más allá de nosotros mismos, más alto, en lo eterno. No podemos tener esa perspectiva todo el tiempo, pero, cuando lo hacemos, es algo extraordinario.

> Todo es mejor cuando posamos la mirada más allá de nosotros mismos, más alto, en lo eterno.

> A las montañas levanto mis ojos; ¿de dónde ha de venir mi ayuda? Mi ayuda proviene del Señor, que hizo el cielo y la tierra.
>
> *Salmos 121:1-2*

Oré con este salmo el día que conduje por primera vez el *TODAY Show*. Era un lunes por la mañana a mitad de julio de 2022. Yo estaba un poco nerviosa, es decir, totalmente aterrada. Había comenzado en mi nuevo empleo durante un momento de gran dificultad para el programa de televisión. Me dieron el puesto de forma apresurada e inesperada, en medio de una controversia; estaba segura de que no pasaría mucho tiempo hasta que los jefes se dieran cuenta de que habían elegido mal o que la audiencia me rechazara. Sentí los ojos del mundo sobre mí, analizándome. Creo que esa semana antes del primer programa apenas comí. Como prueba de que el estrés se manifiesta en el cuerpo, esa primera mañana amanecí con una migraña enceguecedora. Era tan fuerte que tuve que recostarme sobre el suelo de mi oficina con las luces apagadas veinte minutos antes de salir al aire. Los productores y otros presentadores golpearon mi puerta suavemente para ver si iba a poder hacerlo.

Oré, por supuesto, y, en un momento, Dios me dio esa palabra. La había memorizado años antes, durante una de esas sesiones de estudio bíblico fervorosas que mencioné antes. De pronto, las palabras aparecieron en mi memoria, justo a tiempo, justo cuando las necesitaba. *A las montañas levanto mis ojos*. Sentí una descarga de seguridad, de confianza, no en mí misma, sino en Él. *¿De dónde ha de venir mi ayuda? Mi ayuda proviene del Señor, que hizo el cielo y la tierra*. Sentí alivio. Dios está conmigo. Él me sostiene. No estoy sola.

Sin importar lo que suceda, nunca estaré sola. Él me ha traído hasta este momento y no va a abandonarme ahora.

Se siente gran sabiduría y consuelo al hacer lo que el salmista aconseja: mirar hacia arriba, mirar hacia afuera, mirar más allá. ¿Qué vemos? Que la ayuda está en camino, viniendo de los montes y los lugares altos al rescate. Hosanna en las alturas. Vemos a Dios, quién es, su esencia, su carácter y sus métodos. Lo vemos al mando y al control. Lo vemos enfocado y poniendo atención. Lo vemos: Hacedor, Creador, Autor y Proveedor, en la tierra como en el cielo. Dios está allí y es bueno. Esa es la perspectiva celestial.

Cuando los pensamientos de ansiedad me inundan o cuando la negatividad me hostiga, esa es una señal clara de que me he olvidado de todo eso, que me he olvidado quién es Dios y cuáles son sus promesas. Ahí es cuando debo mirar arriba y buscarlo. Cuando mi espíritu falla, debo mirar a los cielos para ver estas verdades.

Dios es el juez de mis defectos y promete misericordia.

Dios está a cargo de mi seguridad y mi protección, y promete vida eterna.

Dios es el guardián de mi corazón y mi bienestar, y le demuestra ternura, amor y bondad a todo lo que creó, incluso a mí.

Cuando mi hijo Charley tenía dos años, me arrojó un tren de juguete. No fue intencional, sino un experimento científico clásico de un niño pequeño: «¿Qué sucede si arrojo este objeto afilado hacia la cara de mi madre?». Respuesta: «Va a doler». Era un juguete absurdamente pesado, con un quitapiedras absurdamente puntiagudo y antiguo en el frente. Divertido para los niños y perfecto para arrancar ojos, así es. (A propósito: conservamos el tren durante años después de eso, de hecho, y los niños le decían «el arma»).

Dios está conmigo. Él me
sostiene. No estoy sola. Sin
importar lo que suceda, nunca
estaré sola. Él me ha traído
hasta este momento y no va
a abandonarme ahora.

En resumidas cuentas, el proyectil de locomotora me causó un desprendimiento de la retina y perdí la vista en un ojo por poco tiempo. Me hicieron varias cirugías, incluyendo una en la que tuve que estar una semana entera con la cabeza hacia abajo horas y horas durante el día (y la noche). Alquilé una de esas sillas para masajes que ves en el salón de manicura y hundí mi cabeza hacia abajo. Leí libros y escuché pódcasts. Compré un pequeño espejo de mano y lo inclinaba para poder ver la cara de mis hijos. Pasé largas horas mirando hacia abajo en esa silla. Era aburrido, solitario y doloroso (cuando estás constantemente mirando hacia abajo, te duele el cuello). Pierdes el contacto visual, pierdes las sonrisas y la conexión.

Alerta de metáfora. Cuando miramos hacia abajo, miramos demasiado hacia adentro y nos perdemos de mucho. El suegro de una amiga tiene el mismo deseo en cada cumpleaños. Cuando sopla las velas y sus nietos preguntan: «¿qué pediste?», su respuesta es siempre la misma: «perspectiva». Que deseo de cumpleaños tan sabio (se lo robo).

> Cuando miramos hacia abajo, miramos demasiado hacia adentro y nos perdemos de mucho.

Mira, yo también vivo en el mundo real. No podemos caminar por ahí en un estado de rapsodia santa todo el tiempo; yo, de verdad, me chocaría con todo —en especial con ese ojo estropeado. Sin embargo, fijar nuestra mirada en los cielos alzando nuestros ojos es algo sensato y práctico. Nuestro espíritu también tiene visión periférica al igual que nuestros ojos. Sabemos lo que sucede a nuestro alrededor y cómo atravesarlo, pero con una perspectiva celestial no vamos a estar consumidos ni agobiados. Porque cuando miramos hacia el cielo, vemos a Dios mirándonos también.

Hay un himno de mi infancia que me encanta:

Pon tus ojos en Jesús
Mira su maravilloso rostro
Y lo terrenal se volverá débil
A la luz de su gloria y gracia.[2]

Cuando nuestros corazones estén afligidos, oremos para que podamos ver hacia arriba y hacia afuera. Oremos para poder tener un punto de observación que abarque tiempo y espacio, que procese el significado de las cosas no solo en momentos, sino en milenios. Ese es el punto de vista de Dios.

[Jesús] dirigió la mirada al cielo y oró así.

Juan 17:1

CAPÍTULO 15

ME DESUSCRIBO DE MÍ

C ada año, desde finales de mis veintes y durante casi una década entera, mi mamá me compraba el mismo regalo de Navidad. Ella lo envolvía cuidadosamente, pero era fácil de identificar bajo el árbol por su tamaño, su forma y su peso: un diario nuevo, brillante y envuelto en plástico llamado *Journeying Through the Days* [Travesía a través de los días]. Eso sí, no era su único regalo de Navidad, también me compraba las botas, el jean de diseñador que había pedido o la guitarra acústica que no sabía que quería

(¡mi mamá es increíblemente intuitiva para dar regalos!). Pero esta era nuestra tradición, nuestra cosa especial, nuestro vínculo. Esa era su forma de animarme/recordarme/empujarme a caminar con Dios mientras entraba en la adultez.

Mi mamá había escrito en esos mismos diarios durante años, registraba allí sus esperanzas, revelaciones, desilusiones y preocupaciones. Aún puedo ver su letra cursiva desordenada llenando cada rincón de la página. Escribía todos los días sin falta. A veces, me tentaba espiarlo para poder ver sus partes más íntimas, pero nunca lo hice. Husmear en ese espacio sagrado y privado hubiese sido una trasgresión. Por eso no lo hice, y porque me asustaba un poco lo que podría encontrar allí.

Eran diarios cristianos. Cada día de la semana tenían una palabra de la Biblia como disparador y un espacio en blanco para reflexionar. Las otras páginas estaban llenas de fotografías de la naturaleza que transmitían paz y de frases inspiracionales. Asumo que ese es el motivo por el cual esos libros se volvieron un diario espiritual para mí. No hay bitácoras de las idas y vueltas del día ni relatos de eventos laborales o escolares ni reuniones (¡afortunadamente!). Son una conversación con Dios extensa, cruda, honesta y, a menudo, dolorosa. Supongo que podrían llamarse oraciones.

Dios nos dice «derrama ante él tu corazón» (Salmos 62:8). En definitiva, eso es lo que hacía:

> Líbrame de la desesperanza de pensar que he arruinado mi vida y no tiene arreglo. Ayúdame, sálvame. Eso es lo único que pido y es todo. Líbrame. Sálvame. Guíame. Muéstrame. Soy incapaz de ver con claridad.

Me da vergüenza volver a leer mis palabras ahora. Me sorprende mi egocentrismo y falta de perspectiva (y no en el buen sentido). Pero Dios no busca palabras perfectas o exaltaciones devotas. Él no busca posturas o pretensiones. Él busca el desastre. En otras palabras, nos busca a nosotros.

Él no busca posturas o pretensiones.
Él busca el desastre.
En otras palabras, nos busca a nosotros.

Los diarios son un lugar para que todo eso conviva: lo bueno, lo malo, lo feo y lo más feo. Dios nos invita a no negar ni ignorar nuestros sentimientos, sino a procesarlos en su presencia.

Creo que no hay nada que no podamos decirle a Dios. De hecho, estoy segura de eso porque he leído los Salmos, una obra magistral de desánimo, miedo, frustración, ansiedad, pánico, ira y rabia. De cierto modo, eran una especie de «diario».

Tan colmado estoy de calamidades
que mi vida está al borde de la muerte.
Ya me cuentan entre los que bajan a la fosa;
parezco un hombre que se quedó sin fuerzas.
Me han puesto aparte, entre los muertos;
parezco un cadáver que yace en el sepulcro,
de esos que tú ya no recuerdas,
porque fueron arrebatados de tu mano.
Me has echado en la fosa más profunda,
en el más tenebroso de los abismos.
El peso de tu enojo ha recaído sobre mí;
me has abrumado con tus olas.

> Me has quitado a todos mis amigos
> y ante ellos me has hecho aborrecible.
> Estoy aprisionado y no puedo librarme;
> los ojos se me nublan de tristeza. (…)
> ¿Por qué me rechazas, Señor?
> ¿Por qué escondes de mí tu rostro?
> Yo he sufrido desde mi juventud;
> muy cerca he estado de la muerte.
> Me has enviado terribles sufrimientos
> y ya no puedo más.
> Tu ira se ha descargado sobre mí;
> tus violentos ataques han acabado conmigo.
> Todo el día me rodean como un océano;
> me han cercado por completo.
> Me has quitado amigos y seres queridos;
> ahora solo tengo amistad con las tinieblas.
>
> *Salmos 88:3-9; 14-18*

A veces, es bueno leer los Salmos solo para sentirnos mejor con nuestro propio nivel de drama al mirarnos el ombligo.

Continué utilizando mis diarios durante una década o más, pero, en un momento ese diario dejó de publicarse y así murió la pequeña tradición navideña de mi mamá. Durante un tiempo, continué haciéndolo de vez en cuando, haciendo garabatos en cuadernos, pero luego dejé de escribir casi por completo.

No fue una coincidencia. Estaba ocupada intentando abrirme camino en mi nuevo trabajo en NBC y mi vida personal estaba desmoronándose de forma desastrosa. Apenas podía mantenerme en pie. No tenía tiempo para indagar en las profundidades de mi alma y, de todos modos, no había nada bueno que encontrar allí. Desistí de mí misma. Cancelé mi suscripción. Guardé los diarios en una caja, los puse en el ático (¡otra alerta de metáfora!) y no los miré ni pensé en ellos por años. No los olvidé, pero nunca estaba quieta.

La vida siguió. Pasaron los años. Me mudé a la ciudad de Nueva York, comencé un nuevo empleo en el *TODAY Show*, me casé y tuve dos hijos. ¿Quién tiene tiempo para sentarse a leer viejos diarios para descubrimiento personal? Y, aunque encontrara el tiempo, al igual que con los diarios de mi mamá, me daba un poco de miedo lo que podría descubrir allí.

Pero, hace poco, decidí subir con cuidado las escaleras y soplar el polvo del contenedor de plástico para comenzar a leerlos.

Era... demasiado. El fantasma de la Savannah del pasado, una serie de angustia y tormento con varios volúmenes, una visita guiada por la incompetencia, la soledad, el miedo y la confesión, pero, sobre todo, por la culpa. Mucha, mucha culpa. Culpa por estar distraída, por ser superficial, por ser ambiciosa. Culpa por mimetizarme con la multitud, por no ser más atrevida en mi fe. Culpa por no escribir en mi diario. Culpa por no orar o estudiar la Biblia. Culpa por ignorar a Dios en épocas buenas y luego volver arrastrándome cuando sufría de forma inevitable. Culpa por no *querer* seguir sus mandamientos.

Fue en otra vida. Me había olvidado de muchas cosas. Olvidé como solía sentirme y cuánto miedo le tenía a Dios. Quería complacerlo y seguir su camino, pero en mi interior sospechaba que su plan maestro para mí era darme «lecciones de humillación y dolor» (cita textual de mi diario). Motivada por el miedo, me esforzaba para ser una chica buena y mantenerme en el camino recto y angosto.

Por supuesto, la religiosidad o la perfección eran muy difíciles para mí. Me esperanzaba aprobar con lo justo para que la disciplina de Dios me pasara por alto, que tuviera casos peores con los que lidiar. Mientras me mantuviera del lado de «no excelente pero tampoco tan mal», él no me humillaría ni me quitaría la comodidad que disfrutaba ni el éxito que anhelaba. Estaba intentando controlar a Dios, esa fuerza poderosa y terrible. Hablaba sin saber acerca de sus bondades y su misericordia. Muchas mañanas cantaba alabanzas de forma genuina y alegre, pero, en realidad, todos los días, mis escritos ocultaban mis verdaderos sentimientos: una leve sospecha de que lo que sea que Dios quería o planeaba para mí sería doloroso, sacrificial o desagradable. Es en particular desgarrador y revelador tener un encuentro con tu mismísimo creador.

Hay un muro entre nosotros, Señor, y es un muro de desconfianza. Por favor, Señor, derríbalo y acércame a ti.

¿Un «muro de desconfianza» con Dios? A decir verdad, había olvidado que alguna vez me había sentido así. ¿Qué cambió? ¿Cómo cambió mi perspectiva de Dios de forma tan radical?

En resumen: no fue en un instante, no fue de manera explícita ni de una forma que pudiera haber comprendido; no descendieron ángeles ni hubo un cambio sobrenatural en el corazón. De forma extraordinaria y curiosa, ahora veo que Dios me enseñó a confiar en él mediante esa misma serie de eventos que eran los que yo más temía, esas «lecciones de humillación y dolor» de las que escribí en mi diario. Él no las había generado, pero utilizó a cada una de ellas.

Pensé en todo lo que había sucedido entre el momento en que escribí esas palabras y el momento en que las volví a leer, décadas después. En dos palabras: la vida. Algunas cosas buenas y algunas otras muy difíciles. Hubo desastres como resultado de mis propios actos, desilusiones y distancia.

Esto es lo que comprendí al leer esos diarios viejos.

Aprendí a confiar en Dios, pero no porque nunca me sucediera algo terrible, sino porque sí sucedió. Aprendí a confiar en Dios cuando fracasé de forma catastrófica e inconfundible y él estaba allí. Aprendí a confiar en Dios cuando salí a la tierra salvaje, escondiéndome de él y de mí misma durante años (en algunas circunstancias puede que haya llamado o enviado un mensaje de texto) y, aun así, él estuvo allí esperando que regresara.

Me di cuenta de que la fuente de mi desconfianza (mi *miedo* a las malas circunstancias, *miedo* a las calamidades o fatalidades) era mucho peor que cualquier cosa mala real que sucediera. Porque el miedo siempre deja afuera a un factor crucial: la dulce presencia de Dios que salva.

> El miedo siempre deja afuera a un factor crucial: la dulce presencia de Dios que salva.

El miedo olvida que Dios está cerca y que resuelve las cosas para siempre. No, los resultados no son necesariamente positivos ni las circunstancias son siempre las mejores. Él no está en contra de eso, pero ese no es su objetivo principal. Dios, con el tiempo, resuelve todo en la dirección que esté más cercana a él. Su recorrido es para que aumente la intimidad y la comunión con él. Eso es todo. En realidad, es bastante simple.

Aprendí a confiar en Dios, pero no
porque nunca me sucediera algo
terrible, sino porque sí sucedió.

> No temerá recibir malas noticias; su corazón estará firme, confiado en el Señor.
>
> *Salmos 112:7*

Nunca aprendes nada solo porque alguien te lo cuente, al menos no en profundidad. Alguien debe mostrártelo.

Tuve que recolectar esos diarios viejos para verlo, tuve que excavar en mi pasado espiritual para ver a Dios en acción. El hecho de ver algunas circunstancias después de tanto tiempo, con el beneficio de la madurez y la perspectiva, es lo más cerca que un humano puede estar de entender cómo Dios ve las cosas. Podemos ver cómo Dios obra y cómo responde a una oración. Él no está tan lejos (Hechos 17:27). Nosotros elegimos nuestros pasos (y traspiés), pero él ordena nuestro destino. Él nos observa, nos guía, oye nuestras oraciones, pero juega la partida larga.

Es un misterio grande e incomprensible.

Me recuerda un poco al ajedrez, que estoy aprendiendo a jugar nuevamente luego de una interrupción de cuarenta años, más o menos. Tuve un breve paso por un club de ajedrez en sexto grado, pero hace tiempo que olvidé las reglas y cualquier noción de estrategia. Mi pequeño me está enseñando, y con exasperación me dice qué piezas mover a qué lugar y cuáles son sus poderes («los alfiles se mueven en diagonal», «¡los peones no pueden atacar recto!», «estás en jaque, Mamá»).

Estoy volviendo a recordar el juego, de a poco, pero en las primeras rondas, perdí siempre con mi hijo de seis años. Como una tonta iba directo a su trampa y me hacía jaque mate, regodeándose mientras desplomaba a mi rey. Incluso un niño pequeño puede descifrar tu camino más obvio a la victoria y va a contrarrestar tus movimientos en cada turno.

De pronto (¿por fin?), lo entendí otra vez. En el ajedrez, necesitas alguna estrategia. Debes armar tu victoria con varios movimientos de anticipación, ver un camino para ganar y comenzar a moverte en esa dirección. No te mueves con ingenuidad para matar rápido, porque tu oponente lo verá venir. Debes ser paciente y ponerte en posición. Debes anticipar los movimientos del otro, saber, uno a uno, cuáles serán tus movimientos y planificar varios con antelación.

De alguna forma, Dios es el mayor maestro de ajedrez. Él nos lleva infinitos movimientos de ventaja. Sin embargo, su objetivo no es derrotarnos, su movimiento ganador es aquel que nos acerque más y más a él.

Mis diarios eran una foto instantánea, como de una vieja Polaroid, que capturaba un segundo aislado de mi alma y mi espíritu. Había agonía y miedo, frustración y abandono; pero también esperanza y verdad. Y en esas páginas tristes, descubrí una gema. Como todas las anotaciones alrededor de ella estaban tan llenas de desesperanza, esta sobresalía por su claridad y confianza. Tal vez, Dios a veces sí aparece como un relámpago, tal vez sí aparece de la nada y habla. Porque aquí está, en papel y lápiz. Solo me tomó un poco de tiempo y un poco más de vida poder creerlo de verdad.

La verdad es que tú me amas, tú me protegerás, tú me proveerás y concederás los deseos de mi corazón. Solo tú sabes lo que es mejor para mí y el camino que debería tomar. Solo tu conoces mi corazón... y sabes tratarlo con delicadeza. Solo tú te deleitas en mí, te alegras y te enorgulleces de mí. Tú eres mi verdadero Padre. Tú nunca me desalientas, no me humillas, no me guías por caminos falsos ni me niegas el gozo y la felicidad de forma arbitraria. Tú me perdonas, tú me compraste y pagaste por mí. Yo soy parte de tu familia y nuestro vínculo es de sangre, es inquebrantable. Tú nunca me abandonarás, nunca te cansarás de mí, nunca cambiarás de idea con respecto a mí, tu amor es constante. Me amas por lo que tú eres, no por lo que soy ni por lo que haya hecho. Tú tienes compasión de mí y vienes a rescatarme en momentos difíciles. Te interesa mi bienestar y mi salud mental. Te importa si estoy feliz, sola o triste. Me observas, ves cada uno de mis movimientos, respiras todo el tiempo conmigo. Yo soy tu hija amada y tú me proteges como una fiera. Tú estarás conmigo y te alzarás en defensa de mí [diciendo]: «Ella es mía».

CAPÍTULO 16

CREER ES HERMOSO (O LA FORMA DE LA FE)

¿Por qué tener fe?

¿Por qué creer en absoluto?

Es imposible de responder.

¿Y si lo probamos en forma de diagrama?

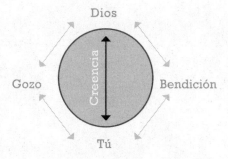

¿Ahora sí lo entiendes?

Solo bromeo. Compraste un libro, intentemos con palabras.

La fe es claridad y misterio al mismo tiempo. Respuestas y preguntas simultáneamente. Divinidad junto con humanidad. Nada fácil, minucioso o perfecto, no en esta vida, al menos.

> La fe es claridad y misterio al mismo tiempo.

Pero si *fuese* un círculo, sería así: Dios, tú, creencia, bendición y gozo todo entremezclado. Una revolución divina de bondades interconectadas que, de algún modo, funcionan en armonía, en orden incomprensible para el beneficio de nuestras almas.

¿Por qué tener fe?

Porque es hermosa.

Seguramente has visto esas camisetas, tazas o tapetes de bienvenida que dicen: «Pero primero, café». Esa moda se instaló y ahora está en todos lados. «Pero primero, yoga». «Pero primero, *pickleball*». «Pero primero, tequila».

Si la fe fuese una almohada que pudieses comprar en Target, el lema podría ser «Pero primero, cree».

[Nota al margen para cualquier tipo de teólogo que siga aquí: sí, Dios está primero (Juan 6:44). Pero yo estoy hablando desde una perspectiva humana porque, bueno, ¿desde qué otra perspectiva podría hablar?].

Es obvio, supongo. La creencia es el precursor de una relación con Dios; pero, en la práctica, eso puede ir en contra de todos nuestros instintos humanos, nuestros impulsos de protección propia demandando pruebas. En especial para nosotros en este mundo moderno, donde nuestro valor fundamental es: «si no lo veo, no lo creo». Con Dios, es todo lo contrario. Primero creemos, luego vemos.

Eso es lo que sucede en la famosa historia del Nuevo Testamento en la que se sana un ciego (Marcos 10:46-52). Bartimeo, un mendigo, clamó en las calles a Jesús para que tuviera compasión de él. Sus gritos eran tan fuertes y perturbadores que la multitud lo callaba (¿puedes imaginártelos despreciándolo de manera colectiva?).

Sin embargo, Jesús se acercó:

—¿Qué quieres que te haga? —preguntó.

—Rabí, quiero ver —respondió el ciego.

El hombre pudo ver de inmediato.

—Tu fe te ha sanado —le dijo Jesús.

Primero la fe, luego la vista.

> —¿Qué tenemos que hacer para realizar las obras que Dios exige? —le preguntaron.
> —Esto es lo que Dios quiere que hagan: que crean en aquel a quien él envió —respondió Jesús.
>
> Juan 6:28-29

No sé por qué es así. Damos un paso hacia la creencia y, de pronto, se nos revela todo un nuevo entendimiento. Podemos ver lo que estaba oculto hasta hace un momento. Todo comienza a tomar sentido, en nuestras emociones y nuestro intelecto; por algo lo llaman un «salto de fe». Debemos salir cuando es seguro, cuando sabemos y podemos probar que vamos a entrar en lo divino.

Esto es lo que el padre desesperado hizo por su hijo en el evangelio de Marcos, al tomar la oportunidad de llevar a su niño frente a Jesús y pedirle que lo sane:

> —[...] Si puedes hacer algo, ten compasión de nosotros y ayúdanos.
> Jesús dijo:
> —¿Cómo que si puedo? Para el que cree, todo es posible.
> —¡Sí, creo! —exclamó de inmediato el padre del muchacho—. ¡Ayúdame en mi falta de fe!
>
> *Marcos 9:22-24*

Cuando creemos, aun con nuestra mezcla imperfecta de fe y falta de fe, sucede algo maravilloso. Nuestros espíritus tienen la posibilidad de volar.

> Ustedes lo aman a pesar de no haberlo visto; y aunque no lo ven ahora, creen en él y se alegran con un gozo indescriptible y glorioso.
>
> *1 Pedro 1:8*

Siempre me ha gustado la frase: «un gozo indescriptible y glorioso».

«Indescriptible». ¿Ves? Los escritores de los Evangelios tal vez no usaron formas, pero no soy la única que se siente intimidada por esta tarea.

El gozo divino es el éxtasis que experimentas cuando encuentras belleza en este mundo y sientes el tono reconocible de su creador. Claro que sí, es alguien que conoces.

Amo los cambios de estación. Y no solo la primavera, eso sí, aunque es claramente la mejor, con toda esa nueva vida floreciendo, las hojas y brotes que se materializan de la noche a la mañana, en señal de que se acerca el calor. Me gustan todos los cambios de estación. De primavera a verano, donde termina la escuela, terminan los horarios y la sensación de libertad es nueva y reciente. Luego, los últimos días de verano cuando comienzas a percibir frescura en el aire, que se siente como un cambio potencial en la brisa. Aun el otoño que le teme al invierno tiene cierta carga de posibilidades. Justo cuando necesitamos una nueva perspectiva, un empujón que nos saque de la rutina, las estaciones nos alientan a continuar. Yo puedo ver a Dios en el ritmo de la naturaleza.

Ya sea en el esplendor del mundo natural, en la genialidad del arte, la música o en un acto de bondad humana, la belleza es el lenguaje de amor de Dios. Es su tarjeta de presentación. Todos estamos diseñados para responder a ella. Cuando eres testigo de la belleza, cualquiera sea la forma terrenal que tome, tú reconoces a su autor y te llenas de ese gozo indescriptible y glorioso.

Pero el gozo de la fe no es solo una euforia emocional y pasajera, una emoción que bien podrías sentir en una ópera encantadora o en el Eras Tour de Taylor Swift. También es un gozo intelectual: el entusiasmo y la electricidad de entender algo nuevo y maravilloso, aunque provocador y desafiante.

Siempre pienso acerca de la historia de los dos discípulos que se encontraron con Jesús mientras iban camino a Emaús (Lucas 24:13-35). Ellos no se dieron cuenta de que el hombre con el que caminaban era Jesús hasta unas horas después, durante la cena, cuando partió el pan. Luego se maravillaron. «¿No ardía nuestro corazón mientras conversaba con nosotros en el camino y nos explicaba las Escrituras?», se preguntaron (v. 32). Me encanta la forma en que lo dijeron. «Ardía nuestro corazón». Cuando nuestra mente e intelecto se encuentran pinchados, golpeados o desafiados, esto también es parte de la belleza de la fe.

Confiar en Dios es un gozo profundo.
Pastor Brett Younger, Iglesia Plymouth, Brooklyn

Poppy, mi nueva amiga, me envió estas palabras en un mensaje de texto mientras iba de la iglesia a su casa un domingo por la mañana. Por cierto, una amiga que te sorprende con una frase que escuchó de su pastor es otro tipo de gozo. Atreverse a ser vulnerable y tener conversaciones más profundas con personas que conoces y descubrir allí una conexión espiritual, es uno de los regalos de la fe.

Ya sea en el esplendor
del mundo natural, en la
genialidad del arte o la música
o en un acto de bondad
humana, la belleza es el
lenguaje de amor de Dios.

Durante mis cuarenta (y ellos en sus ochentas y noventas), para mi sorpresa y placer, hice dos nuevos amigos: los antiguos senadores Bob y Elizabeth Dole. La señora Dole (Senadora Elizabeth, como le decíamos) me pidió que fuera embajadora de su campaña para ayudar a los cuidadores de veteranos. Comenzamos a trabajar juntas, haciendo eventos y ese tipo de cosas. Pero, pronto, ya éramos más que colegas, éramos amigas. Y, cuando se trata de amistad, los Dole son veteranos, verdaderos expertos. Llaman, envían correos electrónicos, libros o regalos cuando menos te lo esperas. «Creo que las amistades que comparten la fe son las mejores», me dijo cuando la llamé para agradecerle por un devocional que me había enviado. Durante la pandemia, hasta intentamos comunicarnos por FaceTime con los senadores Bob y Elizabeth, sus dos perros y mis dos niños; fue muy ruidoso. Hace algunos años, cuando el senador Bob falleció a los noventa y ocho años, tuve el honor de hablar en su servicio fúnebre en el Monumento a la Segunda Guerra Mundial. Recordé sus valores militares de valentía y abnegación, por supuesto. Pero también dije esto: «Bob Dole me enseñó que nunca es tarde para hacer nuevos amigos».

El gozo de la fe se siente en el corazón, la mente y el alma; es una de las mayores bendiciones de Dios.

> El gozo del Señor es su fortaleza.
>
> *Nehemías 8:10*

Y hablando de bendiciones…

¡Que tengas un día bendecido!
¡Muy bendecida para estar estresada!
Bendice su corazón.

Érase una vez, una época en que la palabra «bendición» se utilizaba principalmente con el único fin de salutaciones ante un estornudo. Últimamente, se ha colado en el léxico. Un camarero puede decirte que tengas «un día bendecido» mientras te entrega un café con leche. Una camiseta puede informarte que quien la lleva se siente «muy bendecido para estar estresado». Una mujer sureña que juzgue tu mala elección de atuendo podría decir a sus amigas entre risas: «bendice su corazón». (Si nunca has sufrido los efectos de una humillación así por tu aspecto, bueno, agradece tus bendiciones).

¡En estos días estamos bendecidos por todos lados!

Pruébenme en esto —dice el Señor de los Ejércitos—, y vean si no abro las compuertas del cielo y derramo sobre ustedes bendición hasta que sobreabunde.

Malaquías 3:10

Esa es una promesa audaz para que Dios la tire así. Pero ¿qué significan las bendiciones en el contexto de la fe? No se puede estar refiriendo a cosas, objetos materiales o prosperidad terrenal. Sin dudas, se refiere a bendiciones de naturaleza más espiritual, ¿verdad?

Aunque, por otro lado, pensemos en las palabras de Jesús en uno de los pasajes bíblicos más conocidos:

> Dichosos los pobres en espíritu, porque el reino de los cielos les pertenece. Dichosos los que sufren, porque serán consolados. Dichosos los humildes, porque recibirán la tierra como herencia. Dichosos los que tienen hambre y sed de justicia, porque serán saciados.
>
> *Mateo 5:3-6*

El famoso Sermón del Monte sigue, pero ya entiendes la idea. No sé para ti, pero para mí, la desesperanza, el duelo y la persecución no me suenan a bendiciones; y pedir bendiciones más placenteras a veces me hace sentir egoísta o indulgente, pues da la impresión de que estuviera buscando a Dios como si fuese un cajero automático cósmico que produce bendiciones en masa.

Hace poco, me topé con una línea en un pequeño libro que había estado en mi librero sin leer durante algunas décadas, y me dio una nueva perspectiva por completo:

> Bendecir en el sentido bíblico quiere decir pedir o impartir un favor sobrenatural. Cuando suplicamos la bendición de Dios, no solicitamos más de lo que nos es posible conseguir. Clamamos por la limitada y maravillosa bondad que el único Dios tiene: el poder de conocer o darnos.[1]
>
> **Bruce Wilkinson, *La oración de Jabes***

De pronto entendí que pedir una bendición quiere decir, simplemente, pedir más de Dios. Ser bendecidos es tener más de él en nuestras vidas. Cuando lo ves de ese modo, esos pasajes difíciles de las Escrituras comienzan a tener más sentido. ¿Por qué eres bendecido cuando estás triste o eres «pobre en espíritu»? Porque Dios va a estar allí hasta en la peor de tus necesidades, allí vas a obtener más de él.

Pedir las bendiciones de Dios no es necesariamente pedir por un resultado en particular (aunque, si lo haces, por supuesto, ¡él va a escucharte!), significa pedirle a Dios que derrame su amor sobre la persona, el lugar o la circunstancia. Cuando oro para que Dios bendiga a alguien que amo, le estoy pidiendo que esté presente e involucrado, no necesariamente que ordene un resultado específico. Si oro para que me bendiga en el trabajo o en el hogar, oro para que esté conmigo y me dé más de su sabiduría divina, su amor y su paciencia. Más de él conmigo y contigo, eso es bendecir.

> De pronto entendí que pedir una bendición quiere decir, simplemente, pedir más de Dios.

> El Señor te bendiga y te guarde; el Señor haga resplandecer su rostro sobre ti y te extienda su amor; el Señor mueva su rostro hacia ti y te conceda la paz.
>
> *Números 6:24-26*

Entonces, para repasar:

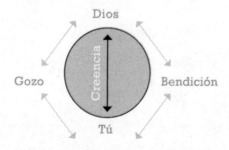

¿Aún no lo entiendes?
Hagamos un resumen ejecutivo:

Creer es hermoso.
Dios está en el rubro de la bendición.
La bendición es Dios mismo.
Y eso es gozo puro.

Y así se completa el círculo.

PARTE 4

GRACIA

CAPÍTULO 17

IR AL RÍO

El don de la clemencia no se impone.

Como la lluvia suave, baja del cielo a la tierra.

Imparte doble bendición, pues bendice

a quien da y a quien recibe.[1]

William Shakespeare

S i quieres detener el tiempo, súbete a tu auto y conduce a donde sea con niños pequeños. Un viaje que debería durar dos horas de pronto se sentirá como si durara diez. La mayoría de los padres saben qué hacer en un viaje largo en carretera. Llevas juegos, libros y un iPad, si puedes. Llevas aproximadamente cien bocadillos (y, como te informarán todos los pequeños malhumorados, la fruta no cuenta como «bocadillo»). Y recuerda llevar a tu Yoda interior, porque tu actitud zen va a ser puesta a prueba al extremo durante el viaje.

En la ciudad de Nueva York, donde vivo, los viajes largos en auto te toman por sorpresa y desprevenido. La mejor forma de describir el tráfico es: todos, en todos lados, todo a la vez (o, como me dijo una vez un conductor de aquí: «Hay carriles, pero a nadie le importan»). Un viaje de quince cuadras, que debería durar diez minutos, tranquilamente puede tomar una hora. Allí estás, sin diversión, sin bocadillos y sin salida. Atrapado. Debes mantener una conversación animada. Soy muy buena para el «¿Qué prefieres?». ¿Qué prefieres? ¿Un helado o un batido? ¿Perro caliente o hamburguesa? ¿Piscina o playa? ¿Playa o montaña? ¿Esquiar o nadar? ¿Fútbol o baloncesto? ¿Fútbol o…? En serio, créeme, es fascinante.

Hace poco nos visitó mi mamá y tuvo la mala fortuna de acompañarnos en una de estas incursiones inesperadas en el tránsito de la ciudad. Mi madre se compadeció y tomó la batuta luego de que mis disparadores de conversación comenzaron a aburrir («Ordenemos los días de la semana. El martes es el peor. ¿Estamos de acuerdo?»). Ella contó una historia acerca de una experiencia aleccionadora que había tenido a la edad de mis hijos. Como cualquier buena historia de abuela, tenía una parte de aventura y otra parte de moralidad. Mi mamá ahora tiene ochenta y un años, la historia es de hace más de siete décadas, pero mis hijos, que suelen ser bulliciosos e inquietos, se sentaron embelesados mientras ella relataba con detalles vívidos y frescos la vez que desafió a su padre y casi pierde la vida.

La historia se desarrolla en la década de 1950 en Kentucky. Mi mamá, una niña de diez años atlética y aventurera, estaba en vacaciones de verano con su familia. A pesar de las advertencias serias,

severas y constantes de su padre, ella decidió ir a nadar en el enga-
ñoso río Ohio y este la atrapó. Casi se ahoga. Podría contarles el resto
de la historia, pero es mejor cuando la cuenta ella:

Siempre me dijeron que no nadara en el río, pero a mis diez
años estaba orgullosa de mis habilidades de nadadora (después
de todo, ¿no nadábamos todos los días con mi hermana?). Los
fines de semana, mi familia se reunía con todos los parientes
en nuestro campamento en Ross, Kentucky, ubicado junto al
río Ohio.

El campamento era poco más que una choza sobre pilotes
con un retrete exterior. Junto con un pequeño contingente de
otras chozas, limitábamos con el parque de atracciones de Jake,
que en su interior tenía dos piscinas gigantes alimentadas por el
agua de un manantial artesiano, campos de béisbol, dos atracciones en ruinas y una cafetería con espacio interior y exterior.

Mi hermana Debby y yo nadábamos en las piscinas hela-
das, a veces pescábamos con papá en el río, le rogábamos a la
prima Sammy que nos llevara de paseo en su lancha a motor
y, por lo general, espiábamos a los adultos y explorábamos los
alrededores con nuestros amigos. Una de nuestras actividades
favoritas era ver a los adolescentes fumando y tomando cerveza
robada junto al agua. Disfrutábamos de nuestra libertad. La
única advertencia estricta de mi padre era: "No se metan al río".

Ese día en particular, nos encontrábamos solas en el muelle.
Estábamos aburridas y un poco rebeldes, le dije a Debby que
iba a saltar y nadar un poco, solo para ver cómo era. Ella, que
por lo general era la más atrevida de las dos, se horrorizó con
esta idea.

El agua estaba tranquila, así que ignoré su petición y me zambullí, llamándola para que se uniera a mí. Mientras ella observaba, sentí que algo me halaba de las piernas y luego me tomó el cuerpo completo mientras me arrastraba rápidamente por el río alejándome de mi hermana que gritaba. Era una corriente de resaca, el peligro del cual me habían advertido reiteradas veces.

Mi corazón latía más rápido que un metrónomo espástico; con dificultades para respirar, intenté luchar contra la corriente mientras me llevaba hacia abajo. Vi que la orilla se alejaba y sentí miedo por primera vez en mi vida. De pronto recordé que luchar contra una corriente era muerte asegurada y que debía resistir hasta que me dejé ir.

Se sintió eterno, pero es probable que solo hayan sido minutos hasta poder liberarme. Podía ver la orilla del río, pero no el muelle. Cansada, agitada y pataleando, al fin me desplomé en la orilla, quitándome de los ojos y la boca los mechones de pelo empapados en petróleo. Me arrastré por el lodo, tomándome de raíces de árboles y enredaderas, mientras plantas espinosas golpeaban mis piernas. Oraba para que papi no se enterara y por fin divisé el muelle.

Y allí estaba él, paralizado, analizando el río, y pudo verme gateando hacia él.

—¡Lo siento! ¡Lo siento! — lloraba con terror a acercarme a él. Estaba segura de que me iba a azotar o a matar, merecía cualquiera de las dos.

Sin embargo, en lugar de eso, él extendió sus brazos bien abiertos, se inclinó y me acogió en sus brazos.

Sin discusiones, sin regaños, sin látigos. Estaba a salvo. Estaba viva. Era amada. Era perdonada.

A mis hijos les encantó la aventura y a mí me conmovió la metáfora. La imagen de mi abuelo con sus brazos extendidos esperando que su pequeña caprichosa regresara a casa es la imagen de la misericordia. Así es como nos abraza nuestro Padre Celestial.

Siempre que regresamos, quebrantados y avergonzados, Dios nos está esperando. No importa dónde hayamos estado o lo que hayamos hecho. Él no nos regaña ni nos reprocha nada, no nos pide cuentas ni una retribución exacta. Él solo se alegra de que estemos en casa. Nos espera con sus manos extendidas como en la cruz. Jesús dijo: «Lo que pido de ustedes es misericordia y no sacrificios» (Mateo 9:13). Él nos espera con amor.

> Él no nos regaña ni nos reprocha nada, no nos pide cuentas ni una retribución exacta. Él solo se alegra de que estemos en casa.

A veces, él ni siquiera espera. Tal vez recuerdas la famosa historia bíblica del hijo pródigo. La parábola relata la historia de un padre adinerado que tenía dos hijos. Uno trabajaba en su hogar con diligencia, cumplía con todas sus obligaciones y hacía todo lo correcto. El otro desafió a su padre, abandonó su hogar, despilfarró su herencia en una vida indecente y se encontró desamparado, durmiendo con cerdos, literalmente. Desesperado, decidió regresar a la casa de su padre y rogarle que lo perdonara, pidiéndole al menos que lo tratara como a uno de sus empleados. Era un hijo amado, pero sabía que ya no merecía ese amor. Avergonzado y humillado, emprendió el regreso a su hogar.

> Todavía estaba lejos cuando su padre lo vio y se compadeció de él; salió corriendo a su encuentro, lo abrazó y lo besó.
>
> *Lucas 15:20*

«Todavía estaba lejos». Dios no espera a que seamos perfectos para perdonarnos. Él no nos pide que cambiemos nuestra vida para mostrarnos su misericordia. Su misericordia va delante de nosotros. Él nos perdona cuando todavía estamos lejos, viene a nuestro encuentro cuando no estamos ni a mitad de camino. Todo lo que nos pide es que vayamos a Él.

Dios no espera a que seamos
perfectos para perdonarnos.
Él no nos pide que cambiemos
nuestra vida para mostrarnos
su misericordia. Su misericordia
va delante de nosotros.

CAPÍTULO 18

TÚ NUNCA FALLAS

Oh, Dios Eterno, Tu misericordia
Ni una sombra de duda tendrá;
Tu compasión y bondad nunca fallan
Y por los siglos el mismo serás.[1]

"Grande es tu fidelidad"

¡Cómo me gustan los himnos antiguos!
La música de iglesia ha subido el nivel masivamente desde esos días en que era un confiable piano ruidoso, un coro serio y, en ocasiones especiales, un órgano (mi mamá y yo una vez nos confesamos para nuestro placer que ninguna de las dos soporta el órgano. Es nuestro secreto. ¡No se lo digan a nadie!). En estos

días, en muchas iglesias, los servicios de domingo presentan toda una *jam session* de «alabanza y adoración» con una gran banda, ¡incluso una batería! Estas canciones contemporáneas suenan tan bien como cualquier cosa que puedas oír en la radio, excepto porque el enfoque principal de las letras es Jesús en vez de «mi amor». Si algún domingo te encuentras por Manhattan, ven a visitar la iglesia a la que asisto, Good Shepherd New York, y vas a oír a algunos de los mejores músicos que existen.

Aun así, las canciones que resuenan más profundo en mí son los clásicos de ese himnario viejo que aún puedo ver ubicado junto a la Biblia en cada banco de iglesia. «Cuan grande es él», «Cristo divino, Hijo unigénito», «Estoy bien con mi Dios». No puedo decir que de niña las podía apreciar mucho, sus palabras eran formales y difíciles de entender y la interpretación en mi iglesia bautista en la década de 1980 tampoco es que hiciera brillar los corazones. Recuerdo acomodarme en los bancos de madera y leer rápido el folleto del servicio para ver qué himnos eran los elegidos, esperando encontrar las palabras deseadas: «solo estrofas 1 y 4». ¡Sí! Cuanto más corto el himno, más rápido iríamos a Dunkin' después de la iglesia.

Sin embargo, de alguna manera, esos himnos se las ingeniaron para hacerse un lugar en lo profundo en mi alma, como un tesoro enterrado que estaba oculto dentro de mí para descubrir años después. Ahora observo las letras que antes consideraba pesadas e incomprensibles y me resultan poéticas e inspiradoras, como una especie de texto sagrado adicional. Estos himnos son la banda sonora de mi fe, el acompañamiento musical de muchos de mis recuerdos espirituales más importantes: «Tal como soy» sonaba cada semana mientras el pastor hacía una «invitación» a la gente para que pasara adelante y aceptara a Cristo como su Señor y Salvador. «Santo,

santo, santo» era el himno favorito de mi padre, por su tono alegre y animado. Ahora, cuando lo escucho en la iglesia, imagino que es un guiño de él desde el más allá o, tal vez, un mensaje de Dios diciéndome: «Tu papá te manda saludos». Nunca voy a olvidar a mi madre planeando la música para el funeral de mi padre. Insistía en que hubiera himnos animados y optimistas en el servicio. Dijo: «Nada de música fúnebre». Aunque estaba conmovida y

Ahora observo las letras que antes consideraba pesadas e incomprensibles y me resultan poéticas e inspiradoras, como una especie de texto sagrado adicional.

dolida, quería que la música reflejara nuestra convicción de que un día volveríamos a verlo. Su determinación y su coraje fueron (y son) una maravilla.

Pero allí solas entre todos estos recuerdos y conexiones, hay tres palabras: «Tú nunca fallas». Supongo que es porque son las palabras que siempre necesito oír.

———

Dios no cambia. Su opinión de nosotros no cambia. Su amor por nosotros no cambia. «Y por los siglos el mismo serás», como dice la letra de este gran himno.[2]

Así no es cómo funciona mi cerebro.

Mi diálogo interno puede ser cruel, mi autoevaluación es como una acción que sube y baja, desplazándose por mi psiquis como una noticia en CNBC que aparece al pie de la pantalla: «La amabilidad hoy bajó bruscamente, mientras que el chisme y la mezquindad están en alza. La paciencia se disparó temprano, pero se desplomó para las horas de la tarde. La autorrecriminación alcanzó máximos históricos».

Puede que Dios no cambie, pero yo cambio mucho.

Una colega mía una vez señaló: «Es como despedirse a uno mismo todas las noches y luego volver a contratarse por la mañana».

Agotador.

Supongo que esta hipervigilancia deriva de la infancia, de crecer con mi padre tan errático que, si bien podía iluminar un lugar, sus ánimos podían cambiar y oscurecerse de forma impredecible. Me entrené a mí misma para poder percibir la atmósfera, para estar siempre atenta al clima emocional y amoldarme acorde a eso. Intenté ser una niña buena, al menos en apariencia, para evitar el desastre. Durante la mayor parte de mi vida, he sido la clásica persona complaciente y pacificadora.

Y, probablemente, esos atributos los trasladé a mi relación con Dios. Me era fácil imaginar que esa voz interior de reproches fuera de él. Cuando eso sucede, cuando el juicio es constante, pero la compasión no existe, la desesperanza es inevitable. Si por error le atribuyes a Dios esa voz que te regaña, eso crea una distancia con el único al que más necesitas.

> Cuando el juicio es constante, pero la compasión no existe, la desesperanza es inevitable.

Es un hábito difícil de romper, pero con la gracia del avance de la edad, esos patrones de comportamientos de la infancia se fueron suavizando a medida que crecí y me volví un poco más sabia. La niñita que siempre quería complacer y mantener todo en calma está aprendiendo a vivir

Dios no cambia. Su opinión
de nosotros no cambia. Su amor
por nosotros no cambia.

———————————————————

en la incomodidad de que la gente no siempre está feliz. De a poco estoy aprendiendo a aceptar que no puedo intentar ajustar y mantener la temperatura emocional de un lugar a unos perfectos 72 ºF (22 ºC).

Mi relación con Dios fue cambiando a medida que aprendía más de él y sentía lo que era la vida con él, acudiendo a su amor y su gracia.

> Cristo nos liberó para que vivamos en libertad.
>
> *Gálatas 5:1*

Una vez, este versículo me pareció muy raro: repetitivo e innecesario. Pero luego comencé a amarlo. Es rotundo, como si Dios estuviera diciendo: «¿No es obvio?». Cristo no vino a liberarnos para que nos encarcelásemos nosotros mismos, lo hizo para que fuésemos libres de verdad.

Entonces, ¡*seamos* libres!

Libres de nuestras propias evaluaciones, de la comparación con otros, incluso de las opiniones bienintencionadas de nuestras familias, compañeros de trabajo o amigos. Estar abierto y receptivo en esas áreas que necesitas cambiar es una cosa, pero otra cosa es reprenderte a ti mismo de forma despiadada, creyendo que obtienes algún logro espiritual por medio del rigor y la autoflagelación.

> Sin fe es imposible agradar a Dios.
>
> *Hebreos 11:6*

Estas son las palabras que necesita oír todo aquel que haya sido complaciente a lo largo de su vida. Hace poco, descubrí en el diario una anotación en la que volvía a traducir este versículo, dirigiéndolo hacia mí: «Deja de pensar que debes ganártelo o llegar a algún nirvana espiritual. Todo lo que tienes que hacer es creer».

Dios desea hacernos libres de la autoevaluación.

Solo Dios es el juez de nuestras almas y él nos promete compasión. Solo Dios es el autor y perfeccionador de nuestra fe (Hebreos 12:2) y, por medio de su amor, su misericordia y su verdad, somos transformados de a poco. Hagámoslo parte de nosotros. El cambio interior verdadero no sucede a punta de arma o por la amenaza de una condenación eterna. Sucede cuando vislumbramos y, luego, absorbemos la expresión generosa de su gracia extraordinaria, que es inmensa e inmerecida.

> Solo Dios es el juez de nuestras almas y él nos promete compasión.

Podemos estar seguros de que ese amor nunca cambia.

> Estoy convencido de esto: el que comenzó tan buena obra en ustedes la irá perfeccionando hasta el día de Cristo Jesús.
>
> *Filipenses 1:6*

CAPÍTULO 19

PECADO Y ABOMINACIÓN

M is amigas y yo tuvimos una época, en nuestros prime- ros años de secundaria, en la que hurtábamos en tiendas. No me enorgullece admitirlo, aun después de todos estos años, pero sucedió. Nos encontrábamos en el supermercado, en algún lugar del estacionamiento, a juntar coraje. Luego, una a la vez entrábamos en fila, paseábamos de forma casual por el sector de belleza y deslizábamos una máscara o lápiz labial en nuestro bolso o bolsillo. Era excitante y aterrador, un tiro de adrenalina y, luego, una resaca de culpa enorme para mí. Noches largas de dar vueltas en la cama, atormentada, prometiéndole a Dios que nunca, nunca lo volvería a hacer… hasta que aparecía la siguiente convocatoria de la pandilla preadolescente y la inevitable presión social.

Lamento tener que decir que esto sucedió más de una vez y más de dos también; sucedió durante buena parte de un verano, hasta que una noche la culpa era tan incontenible que se lo confesé a mi madre. Nunca olvidaré la mirada de desagrado absoluto en su rostro. Me dijo: «Ve a tu habitación y tráeme cada una de las cosas que robaste. CADA-UNA-DE-ELLAS». Era muy humillante regresar con el botín, mucho más de lo que ella se podría imaginar: sombras, bálsamos labiales, Tic Tacs, delineadores, todo sobre la mesa del porche trasero. Pero por más doloroso que era confesárselo, sentí un alivio singular. Ella estaba decepcionada, yo estaba castigada, pero ella seguía amándome. Sentí libertad al decirle la verdad, sincerarse significa poder quitarse la carga y había cierta simplicidad en eso: la maldad era clara, la culpa se adueñaba y el castigo se realizaba.

Crecí en una iglesia bautista tradicional donde la culpa y el pecado, el cielo y el infierno eran las mayores preocupaciones. Quizás, el amor, la misericordia y el perdón también estaban en el menú, pero, sin dudas, no eran el plato principal. Yo en todo momento sentía mi propio pecado, mis defectos fundamentales e inmutables. A menudo, tenía un continuo, pero difuso, sentido de culpa o de «estar en problemas», un sentimiento de temor que continúa hasta el día de hoy.

En ese entonces, en la iglesia, o a veces también en casa, era común que un adulto dijera: «El Espíritu Santo debe estar condenándote». La palabra «condenar», en mi corazón se sentía tan pesada como un montón de ladrillos. De niña, creo que ni siquiera llegaba a captar su significado en totalidad. Ahora lo sé. Condenar es lo que el sistema legal hace con los criminales. La ley aplicada, la sentencia determinada y el castigo ejecutado. Pensándolo ahora, utilizar esa palabra en el contexto de la fe me resulta increíble. Por supuesto, la Biblia habla de que Jesús va a regresar para convencer al mundo (Juan 16:8), pero también dice que vino a salvar al mundo, no a condenarlo (Juan 3:17). Mi crianza religiosa enfatiza más lo primero que lo segundo. Severa para la culpa, liviana para la gracia. Con razón crecí temiéndole más a Dios que amándolo. Para mí, conocer a Dios era ser juzgada por él, y ser insuficiente, por supuesto.

Mi padre tenía un gran sentido de remordimiento. A veces, se sentaba en el porche trasero, con el peso de su pecado casi visible en sus hombros caídos. Lo rodeaba la oscuridad, como una sombra negra de desánimo. En esos momentos, por lo general, lo mejor era evitarlo. Pero, a veces, se ponía charlatán y locuaz acerca de su monólogo interno (de culpa). Él hablaba de su lado oscuro, el Charley malo. Nada en específico, él era un hombre demasiado decente como para descargarse con una niña pequeña, pero oírlo decir esas cosas aun en términos incompletos, hacía que me doliera el corazón. «Oh, papi, no digas eso. ¡No eres malo!», le decía. Pero él negaba con la cabeza como diciendo: «Si tan solo supieras, no me conoces en verdad».

> Severa para la culpa, liviana para la gracia. Con razón crecí temiéndole más a Dios que amándolo.

El autorreflejo exigente de mi padre era conmovedor y resulta que contagioso también. No era difícil imaginar su mirada escudriñadora sobre mí, no era difícil copiar su conducta. Con el tiempo desarrollé la costumbre de estar examinándome todo el tiempo por mis propios pecados, siempre vigilante.

La severidad con que mi padre se juzgaba a sí mismo terminó representando la forma en que Dios me juzgaba a mí. Es extremadamente fácil, en especial en la infancia, combinar la figura de nuestro padre terrenal con la de nuestro Padre Celestial. Sentía que debía identificar cada error, confesarlo, pedir perdón, y Dios no permita que me olvidara de alguno (o peor, que pusiera excusas o me liberara de culpas), porque entonces mi propia salvación estaría en peligro. Sí, había perdón (para eso Jesús murió en la cruz, ¡por supuesto!), pero solo después de un arrepentimiento apropiado. Eso solo daba lugar a nuevas formas de no estar a la altura. ¿Mi arrepentimiento era suficiente? ¿Me arrepentía de haber hecho algo malo o me arrepentía porque se suponía que debía arrepentirme, pero no estaba realmente arrepentida y Dios obviamente iba a detectar el engaño? Doble problema.

Me preguntaba si mi propia fe era suficiente. Pasé años de mi preadolescencia en formación preguntándome y preocupándome. *¿Dios piensa que soy una cristiana? Yo pienso que lo soy. Pienso que creo, ¿pero Dios cree que yo creo? Y, si no lo cree, ¿estoy condenada al fuego eterno?* Mi espiritualidad era un ciclo sin fin de autoevaluación, culpa y miedo. Era muy pesado.

Ya veo por qué muchos han dejado de ir a la iglesia, dejaron la fe o se alejaron de Dios. Es algo que yo no hice… yo nunca dije: «Al diablo con eso» (literalmente). Solo un milagro, solo Dios mismo podría haberme salvado de esa versión de «salvación».

Muchas personas han tenido este tipo de experiencia religiosa. Es entendible que muchos hayan huido de una ortodoxia cruel de fuego y azufre. Sin embargo, por alguna razón, el péndulo ahora parece haber cambiado de dirección por completo: nada de culpa y nada de remordimiento. Nada de amor ni misericordia tampoco. Hablar de culpa, pecado o maldad es algo digno de vergüenza, un pensamiento del pasado, una reliquia vergonzosa de una era de antaño, algo tan llamativo como los grandes peinados o las hombreras.

Solo un milagro, solo Dios mismo podría haberme salvado de esa versión de «salvación».

Nos tranquilizamos a nosotros mismos con palabras positivas, con frases inspiracionales o declaraciones acerca de nuestro mérito y suficiencia. Es como colocarle un filtro favorecedor de Instagram a nuestra alma. Satisfactorio por poco tiempo, pero a la larga, poco convincente e incapaz de competir con la verdad de lo que sentimos para con nosotros mismos. Y, de algún modo, al mismo tiempo, nuestros tiempos modernos se sienten más despiadados que nunca. Una falla y estás fuera. Elimina tu cuenta, elimina tu vida. La gracia y la redención están en extinción y son cada vez más raras.

¿Qué hacemos cuando hacemos algo malo y lo sabemos? ¿A dónde llevamos la pila metafórica de maquillajes para desparramarla en la mesa? ¿Qué hacemos con el remordimiento? ¿Tiene algún lugar en el concepto saludable de uno mismo?

Solo sé una cosa: si no podemos confrontar la verdad de lo que somos, lo que es bueno y lo que no lo es, es probable que huyamos de nosotros mismos, nos distraigamos o nos anestesiemos. Nos escapamos detrás del trabajo, el sexo, las drogas o hasta en cosas positivas como el ejercicio o rutinas de bienestar llevadas a niveles poco

Es extremadamente fácil, en
especial en la infancia, combinar
la figura de nuestro padre terrenal
con la de nuestro Padre Celestial.

saludables (una vez oí a un pastor decir que el pecado es «cuando algo bueno se vuelve lo más importante»). Nuestro ciclo de remordimiento hace esta rotación: evitar, distraer, odiarse y repetir.

Esto dijo el apóstol Pablo: «¡Soy un pobre miserable! ¿Quién me librará de este cuerpo sujeto a la muerte?» (Romanos 7:24).

Como diría un predicador de televisión de rostro grande y peinado con secador de pelo: «Amigo, ¡necesitas al Señor!».

Eh, yo prefiero la forma en que lo dice Eugene Peterson: «La única forma correcta de entendernos es por medio de lo que Dios es y lo que hace por nosotros» (Romanos 12:3 MSG). En otras palabras, algo increíble sucede cuando le decimos la verdad a Dios con la certeza de que nos oye y borra nuestros errores. No tenemos que huir de nosotros mismos. No tenemos que odiarnos.

———

He estado pensando en todo lo que respecta a la crianza de los hijos. Enfrentémoslo: los niños pueden ser terribles. Son la naturaleza humana en estado puro. Mienten, mucho. Golpean, sacan y muerden. Pueden ser egoístas y desagradecidos. Los niños dicen «te odio» a sus mamás cansadas, que apenas pueden mantenerse en pie. Son capaces de preguntarle a Alexa: «¿Quién es la persona más mala del mundo?» esperando que la respuesta sea «mami» (bueno, mi hijo lo hizo una vez).

No quiero repetir el tormento de remordimiento de mi infancia, pero tampoco creo que a mis hijos les sirva una rueda de afirmación que diga: «no puedes hacer nada malo», no cuando se enfrentan a la vida real y a su humanidad real, que nunca será perfecta e impecable. No sería correcto enviarlos al mundo desprovistos de herramientas para manejar sus desilusiones, incluso la desilusión de sí mismos.

Mi hija es particularmente sensible, profunda e introspectiva. Es una almita sabia, empática y hermosa; es mi ángel. Pero, obviamente, no es ningún ángel. Como cualquier niña, es propensa a tener un ataque de furia o un colapso cuando percibe cualquier injusticia o se le niega algún privilegio. La mayoría de las veces va y viene, pero a veces, tiene momentos de autorreflexión y dice: «sé que estoy actuando de forma egoísta» o «sé que soy un poco malcriada, admítelo».

A veces, es solo por el efecto dramático, pero otras es arrepentimiento genuino. No es algo que deba descifrar, yo solo le digo esto: «si sientes en tu corazón que hiciste algo malo, sé sincera contigo misma y sé sincera con Dios. Luego ya está. Dios lo limpia. Para Dios, es como si tu pecado nunca hubiese existido. Puede que para ti sea difícil olvidar lo que hiciste mal, hasta puede que intentes recordárselo: "¿Te acuerdas de eso terrible que hice?". Pero Dios te dirá: "No, no lo recuerdo. No sé de qué hablas. Yo te perdoné e hice borrón y cuenta nueva"».

Esto también va para los adultos.

Hace poco, cuando mi propio ciclo de remordimiento y temor volvió, me estaba regañando por cierto fracaso y recordé una palabra de perspectiva; me llamó la atención que la hubiera escrito en mi diario:

> Si tengo pecados por los que responder, te respondo
> a ti, no a mí. Le respondo al Señor, que es «compasivo
> y misericordioso, lento para la ira y grande en amor»
> (Salmos 103:8).

No hay sentimiento más grande que el de confrontar y enfrentar tus debilidades y faltas para descubrir que eres amado, aceptado y perdonado de todas maneras. Es mejor que repetirte que eres perfecto, suficientemente bueno o al menos mejor que [inserte el nombre de una persona mucho más horrible]. Y es mucho, mucho mejor que condenarse uno mismo o someterse a las palizas despiadadas que nos damos a veces.

Podemos ser honestos con nosotros mismos acerca de quiénes somos, gracias a lo que él es. Él es el que nos libera. Dios está aquí, por lo tanto, somos libres.

> Donde está el Espíritu del Señor, allí hay libertad.
>
> *2 Corintios 3:17*

CAPÍTULO 20

ÉL SE SENTÓ

H ace algunos años, pasé por una etapa difícil espiritualmente. En realidad, esa es una forma bastante agradable de decirlo. Déjame intentarlo otra vez. Hace algunos años, estaba segura de que Dios había echado una maldición sobre mí o de que tal vez estaba poseída por un demonio.

Sucedió durante los años en que estudiaba leyes en Washington, D. C. Yo estaba bajo una enorme cantidad de estrés y presión, sin dudas. Sin embargo, me sorprendió porque sucedió en un momento en el que me sentía muy cerca de Dios. Estudiaba la Biblia todos los días y oraba con fidelidad. Me sentía conectada con mi lado espiritual de una forma visceral y muy comprometida.

De pronto, la culpa comenzó a agobiarme. Una culpa devastadora, que me condenaba y me acusaba. Estaba obsesionada con mi propio pecado, no podía quitármelo de la cabeza. Me hostigaba día y noche. Me atormentaba excavando cada rincón de mi vida y mi conciencia buscando mis errores e imperfecciones. Ni siquiera confesárselo a Dios, que por lo general me traía alivio, me servía de ayuda. Me confesaba una y otra vez, pero no encontraba paz.

Tenía pesadillas, visiones que se sentían reales y aterradoras. A veces me despertaba en la cama sintiendo una presencia oscura rondándome y hasta podía sentir su respiración, literalmente sentía el sonido de fosas nasales moviéndose. Sabía que algo estaba allí, pero me daba demasiado terror mirar y enfrentar a esta presencia horrible. Yo solo me acurrucaba bien en posición fetal, me hundía debajo de mis sábanas y oraba. Recitaba versículos bíblicos que sabía de memoria, las letras de los himnos que conocía, solo la palabra «Jesús» o cualquier cosa que me ayudara a encontrar alivio. En algún momento, la oscuridad huía y regresaba el sueño.

Luego de que esto continuara durante un tiempo horrible, desesperada, llamé al pastor de una iglesia a la que había asistido en Arizona unos años antes. Creo que él ni siquiera me recordaba, pero fue lo suficientemente amable como para contestar mi llamada. Le expliqué que estaba superada por la idea de mi propio pecado. Le dije que Dios o el Espíritu Santo seguro estaban condenándome, que había orado pidiendo perdón en varias ocasiones, pero el sentimiento no se iba.

Cuando él dijo lo siguiente, me cambió la vida y el pensamiento:

—Tienes que pedírtelo a ti primero —me dijo—. ¿Cuál es exactamente tu concepto de Dios aquí?

Eso me obligó a enfrentarme a mí misma. ¿Qué era esta versión de Dios que estaba imaginando? Sin dudas no era el Dios que conocía desde siempre, el que yo amaba y que me amaba a mí. El Dios al que había estado evocando era un Dios castigador, acusador y condenador, un Dios sin misericordia.

A veces, puede que imaginemos la voz de Dios de esa manera. Una voz que nos condena, una voz que acusa, una voz que nos reprime por todos nuestros pecados. En efecto, este es un territorio peligroso, pero no por las razones que piensas. Si nos sentimos avergonzados, amenazados o aislados, es posible que comencemos a evitar a Dios, a cerrar nuestros oídos y crear distancia. Esto es lo opuesto a lo que Dios intenta lograr con nosotros. Esto es lo que mi período de tormento me enseñó: mi regaño no provenía de la voz de Dios, de hecho, era una voz falsa.

No estoy diciendo que Dios solo nos dé certezas superficiales o que cae en lugares comunes. Nuestro Dios no es un Dios que solo nos dice cosas felices. Por el contrario, Dios es bastante bueno confrontando, persuadiendo, desafiando y convenciendo. Pero cuando lo hace, es absolutamente consistente con su naturaleza de amor y bondad.

> Al anochecer, Jesús estaba sentado a la mesa con los doce. Mientras comían, dijo:
> —Les aseguro que uno de ustedes me va a traicionar.
> Ellos se entristecieron mucho y uno por uno comenzaron a preguntarle:
> —¿Acaso seré yo, Señor?
>
> *Mateo 26:20-22*

La escena de la última cena siempre me conmueve. Jesús estaba sentado cuando predijo la traición y su muerte. Sentado. Debes tener cuidado de no leer demasiado entre líneas en algo así, y no sobre-analizarlo. He aprendido en internet que el descanso para cenar era lo más común en esa época, pero su postura física en la última cena de alguna manera combinaba con su postura espiritual. Él no estaba siendo confrontador ni demasiado emocional. Él habló desde una posición íntima y relacional. Sí, sus palabras tenían autoridad y fueron devastadoras, no se guardó nada, sin embargo, no intimidó a nadie ni se enardeció.

Nuestro Dios es un narrador de verdades, es firme y directo.

> Nuestro Dios es un narrador de verdades, es firme y directo.

Una vez leí un artículo que me fascinó: «Por qué dejé de beber», por Sarah Bessey.[1] En él, ella describe una experiencia en la que se sintió llamada a dejar su consumo social de alcohol. Ella no lo dejó porque tuviese un problema con la bebida en sí. Solo era algo que ella sentía cada vez más en su corazón. Lo que me cautivó fue la forma en que lo dijo: «Dejé de beber porque sentí que Dios me estaba pidiendo que lo hiciera».

Obviamente, mi primer pensamiento fue: *Solo espero que Dios nunca me pida a mí que lo haga.*

Pero las palabras que ella eligió sobresalieron para mí. Dios no se lo ordenó ni la acusó: se lo pidió. Sarah describió la voz de Dios como «amable, pero firme».[2]

En mi vida, cuando llega algún cambio puedo sentir como si Dios hiciera un pulgar para abajo a algo en mí. Como si dijera: «aquí, en este lugar, esto, quedémonos aquí un tiempo. Quiero apoyarme en esto».[3]
Sarah Bessey, «Por qué dejé de beber»

Dios está completamente en personaje, aun en los momentos difíciles. Dios permanece bondadoso y amoroso cuando nos habla acerca de un área de nuestra vida que necesita cambiar.

En mi iglesia hacemos una confesión colectiva. Leemos estas palabras todos juntos.

Dios misericordioso, confesamos que hemos pecado contra ti en el pensamiento, la palabra y los actos, por lo que hemos hecho y lo que dejamos sin hacer. Confesamos que no te hemos amado con todos nuestros corazones. No hemos amado a nuestro prójimo como a nosotros mismos. Nos arrepentimos humildemente. Por amor a tu hijo, Jesucristo, ten misericordia de nosotros y perdónanos, para que podamos andar en tus caminos y deleitarnos en tu voluntad para la gloria de Dios Padre.

Las iglesias alrededor del mundo dicen alguna versión de esta oración en un servicio de domingo. Esto de la confesión puede ser algo aburrido, algo que se recita de memoria o, por el contrario, puede ser un gran alivio. Es un momento cargado de oportunidades.

Nuestro pastor, Michael Rudzena, lo aprovecha al máximo. Nos sugiere que reflexionemos en silencio y le pidamos a Dios una memoria santa, que nos venga algo a la mente por lo que necesitemos sentirnos responsables. Nos sentamos en silencio y luego él nos ministra con palabras de consuelo. A menudo dice que la confesión no está pensada para ser una «paliza cósmica» o un momento de «introspección morbosa». Tan solo es hacernos responsables por las veces en que nos quedamos faltos de amor.

Luego terminamos con esta palabra hermosa: «Tan lejos de nosotros echó nuestras transgresiones como lejos del oriente está el occidente» (Salmos 103:12), o como lo tradujo Eugene Peterson: «Tan lejos como el amanecer está del anochecer» (MSG).

Dios no perdona nuestras faltas para luego dejar que su recuerdo se quede dando vueltas, atormentándonos. Él se lleva nuestra culpa bien lejos y la reemplaza por paz.

Ese día, cuando aún estaba en la Facultad de Derecho, luego de hablar con el pastor, mi tiempo de sentirme maldita y avergonzada comenzó a llegar a su fin. No sucedió todo de una sola vez, sino con el tiempo. Tuve que volver a entrenar mis pensamientos. Cuando esos sentimientos de culpa y acusación comenzaban a crecer, me recordaba a mí misma quién es Dios: mi salvador y mi amigo. Volvía a las raíces. A veces, volvía bien al principio y recitaba para mí la letra dulce y conocida del himno de niños: «Jesús me ama, esto lo sé».

En el arrepentimiento y la calma está su salvación.

Isaías 30:15

Esto es lo que aprendí: la salvación tiene dos partes, no una.

Primero el arrepentimiento y luego el descanso.

Debes descansar en el conocimiento de que eres amado, perdonado y abrazado.

Recuéstate.

Dios no perdona nuestras
faltas para luego dejar que su
recuerdo se quede dando vueltas,
atormentándonos. Él se lleva
nuestra culpa bien lejos y
la reemplaza por paz.

CAPÍTULO 21

TEN MISERICORDIA DE MÍ

n un arrebato de humillación y furia, lo mató.

Hace casi treinta años, en una película llamada *La Misión*, vi una escena que nunca he podido olvidar. La película está basada, en líneas generales, en la historia real de un grupo de misioneros jesuitas en la Sudamérica colonial a finales del siglo XVIII que vinieron para convertir a los pueblos indígenas al catolicismo (no se guarda nada con respecto a los peligros de su esfuerzo o la brutalidad de esa época). Hace poco volví a verla, para ver si la escena tan vívida que recordaba era realmente así. Y sí lo era.

La película habla de pueblos originarios que vivían en una región montañosa magnífica, pero despiadada, que estaba sobre unas cascadas, casi fuera del alcance. Casi. Robert De Niro hace el papel de un mercenario y traficante de esclavos llamado Rodrigo Mendoza. La primera vez que vemos a Rodrigo está capturando adultos y niños indígenas (en una red) para venderlos como esclavos. Es una persona violenta y arrogante sin remordimientos, un hombre imponente y temido que estableció un reino de terror en la comunidad. Eso continúa así hasta que, un día, él regresa a su hogar y descubre que su amante lo ha dejado por otro hombre. Allí es cuando, en un arrebato de humillación e ira, Rodrigo lo mata.

El hombre era su propio hermano, a quien adoraba.

Rodrigo cayó en desesperación. Como la ley no otorgaba castigo alguno por su «crimen pasional», volvemos a verlo en una prisión creada por él mismo, viviendo en la miseria, encadenado por su propia culpa, envuelto en tormento y deseando la muerte.

Un sacerdote, interpretado por Jeremy Irons, lo visita, pero Rodrigo no tiene tiempo para un hombre de Dios. «No existe redención para mí», le dice.[1] El sacerdote lo desafía a aceptar la penitencia, una forma de pagar por sus pecados. «No hay penitencia suficientemente dura para mí», le responde.[2] Y, sin embargo, abatido por el remordimiento y deseoso de sufrir, acepta.

La penitencia llama a Rodrigo a regresar a la montaña, a los pueblos que alguna vez había devastado, pero ahora haciendo el viaje agotador y cruel con un paquete improvisado amarrado a él, una bestia de carga casera, metal, madera y basura unidas por una cuerda y atada a su espalda. Su expiación consiste en transportarlo montaña arriba, esa misma montaña que en el pasado atravesó para capturar esclavos. Día tras día, de forma insoportable, se esfuerza para llevar esa carga a la cima, haciéndose camino entre las peligrosas caídas y escalando peñascos con sus uñas, con una carga tan pesada como una cruz que lo tira hacia abajo. En un punto, cuando él está a punto de colapsar, uno de los sacerdotes más jóvenes en ese viaje corre hacia él para liberarlo del paquete. Él se rehúsa porque aún no ha cumplido con su penitencia, y no va a permitir que lo liberen de su carga.

Culmina en una de las representaciones más poderosas de perdón que vi alguna vez. Una escena donde no se dice ni una palabra.

Agotado y casi muerto, con la cuerda ahora alrededor de su cuello, llega a la cima de la montaña, donde se enfrenta cara a cara con los indígenas otrora capturados y vendidos como esclavos por él. Los pequeños lo ven primero y lo reconocen de inmediato. Saben exactamente quién es.

El líder del pueblo se acerca y saca un cuchillo. Rodrigo está seguro de que está a punto de morir y no tiene dudas de que eso es lo que merece. El hombre coloca el arma en su cuello y la mantiene allí. Rodrigo espera su ejecución. Levanta el cuchillo y lo deja caer con violencia, pero solo para cortar las cuerdas y desatar el paquete, esa carga precaria rueda hacia abajo por el barranco hasta llegar al río. La carga ya no está y el peso se liberó. El sacerdote, viendo el despliegue de la escena, se apresura, se arrodilla y envuelve a Rodrigo en sus brazos, balanceándolo como a un bebé, con lágrimas de liberación corriendo por sus mejillas como cataratas.

Mereciendo la muerte, le dieron vida. Recibió redención en las manos de aquellos mismos a quienes perseguía.

———

¿Hay alguna fuerza en el universo que sea más transformadora? ¿Hay algo más poderoso que efectúe un cambio dentro del corazón humano? Nos demos cuenta o no, muchos de nosotros estamos caminando por ahí con nuestro remordimiento atado al cuello como un trozo de basura, estrangulándonos y reprimiéndonos, pero Dios corta esas ataduras para siempre. Todo lo que debemos hacer es permanecer delante de él.

> Cuando entendemos el perdón que fluye de la obra de Jesús y del Espíritu como eso extraño y poderoso que realmente es, comenzamos a darnos cuenta de que el perdón de Dios a nosotros y el perdón nuestro hacia otros es el cuchillo que corta la cuerda que nos mantiene atados al pecado, la ira, el miedo, la recriminación y la muerte. El mal no tendrá nada que decir al final, porque la victoria de la cruz va a estar puesta en marcha por completo.[3]
>
> **N. T. Wright, *Evil and the Justice of God***
> **[La maldad y la justicia de Dios]**

Dios amputa nuestra carga y nuestro remordimiento, nos libera y nos envuelve en amor. Las faltas que tenemos miedo de admitir, ese lado nuestro que nunca nos atreveríamos a mostrar, o esos pecados

Dios nos amputa nuestra carga
y nuestro remordimiento, nos
libera y nos envuelve en amor.

_____

internos que ni siquiera nosotros podemos perdonar, todo eso es lo que se va rodando montaña abajo.

La respuesta espontánea a este regalo enorme de gracia es el alivio profundo, la gratitud y la lealtad. Si es que existe una vía rápida a la cercanía con Dios, sin dudas es su misericordia.

> Yo amo al Señor porque él escucha mi voz de súplica. Por cuanto él inclina a mí su oído, lo invocaré toda mi vida.
>
> *Salmos 116:1-2*

Durante mucho tiempo pensé que estos versículos eran para que acudiéramos a Dios con un sentimiento de deuda por el resto de nuestras vidas, como un requisito para devolver su favor, pero ahora lo leo de una forma muy diferente. Veo que recibir la gracia de Dios es la mejor forma de vincularnos con él. Eso nos conecta con él por la eternidad con una cuerda que nosotros elegimos, no con una soga o un grillete, sino con una unión, un lazo, un vínculo. Vamos a tirar de esa cuerda una y otra vez. Vamos a necesitar de su misericordia de forma constante. De hecho, vamos a invocarlo todos los días de nuestras vidas, por elección y por amor.

Si es que existe una vía rápida a la cercanía con Dios, sin dudas es su misericordia.

No necesitamos pagar con una penitencia por nuestro propio pecado, pues ya está pago. Dios nos ama y nos perdona, pero no porque nuestro remordimiento sea grande o porque nos autoflagelemos con brutalidad. Él nos ofrece su gracia de forma gratuita.

Nuestra misión es decir que sí.

> Pues Dios nos salvó y nos llamó a una vida santa, no por nuestras propias obras, sino por su propia determinación y gracia.
>
> *2 Timoteo 1:9*

PARTE 5

ESPERANZA

CAPÍTULO 22

JESÚS RESPONDIÓ

Mi esposo y yo tenemos una broma recurrente. En una situación típica, es algo así: entro a la habitación por la noche con un vaso de agua.

—Oh —comenta él con una inquietud falsa—, ¿me trajiste uno para mí?

—¡Uy, lo siento! —le respondo haciéndome la apenada—. ¿Quieres que regrese y te traiga uno?

—No —dice él—, prefiero tener el conflicto.

Nos divierte mucho esta rutina. Es graciosa porque es honesta. A veces, todos preferimos tener el conflicto que la solución. Preferimos obtener una ventaja, ese dinero adicional en nuestra alcancía emocional (por lo general para gastarlo la próxima vez que cometamos un error). No queremos que el problema se solucione ni que lo que está mal se enderece. Queremos tener el conflicto.

Con Dios también puede suceder lo mismo. Preferimos tener la duda que la fe. Preferimos las preguntas antes que las respuestas.

> Me buscarán y me encontrarán cuando me busquen de todo corazón.
>
> *Jeremías 29:13*

En los Evangelios, encontramos dos palabras una y otra vez: «Jesús respondió». Mientras caminaba hacia su destino por ese camino polvoriento, solía responder preguntas. Mucha gente se le acercaba, algunos buscándolo genuinamente, otros intentando ser más listos que él o tenderle una trampa, y otros eran una mezcla, convencidos de que sus preguntas eran sinceras solo para que sus respuestas penetraran las apariencias. Sin embargo, nada de eso determinaba si Jesús respondía.

Las preguntas no son un sacrilegio. La apatía y el desinterés son ofensas mucho más graves. Esto es lo que creo. Anda tal cual eres. Dios responde. Solo acércate.

Cuando luchamos contra la duda, una buena primera pregunta es esa que nos hacemos a nosotros mismos. *¿Estoy preguntando en serio*

o estoy poniéndole obstáculos a Dios por alguna otra razón? ¿Estoy bus-
cando información y entendimiento de forma genuina o estoy tratando
de crear distancia? ¿Mis preguntas son un pretexto para evitar la inti-
midad y la vulnerabilidad?

Digo esto no porque Dios solo vaya a respondernos una vez que
nuestro corazón alcance un estado elevado de superreligiosidad.
No es que Dios nos prive de su presencia y su perspectiva hasta
presentarnos ante él con un corazón puro y curioso. Pero cuando
nuestras motivaciones son confusas, puede que se nos haga difícil
encontrarlo o aún más difícil escucharlo; o, tal vez lo encontremos,
pero sintamos que lo recibido no nos satisface o que no escuchamos nada, porque en realidad nuestra pregunta es algo completamente diferente.

En la clase de mi hija, la maestra tiene expuesto un letrero: «La incertidumbre temporal es motivadora». Eso que es real para niños de
tercer grado, también es real para nosotros: la inseguridad momen-
tánea es el pasaporte al entendimiento. Una relación auténtica con
Dios invita a la incertidumbre y a la duda.

Todo aquel que trate de andar por un camino espiritual en este
mundo imperfecto, en algún punto se encuentra con la duda. Si
nunca te pasó, quizás es porque no lo pensaste lo suficiente. O tal
vez sientes que eres afortunado de ser bendecido con una fe inmensa
e inquebrantable. ¡Y quizá sea cierto!

Pero la duda no es falta de fe ni es lo opuesto, es un aspecto de
la fe, una característica; no es un virus, como dirían los fanáticos
de las computadoras. La duda es solo la fe ejercitándose, como un

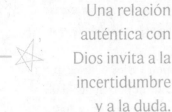

Una relación auténtica con Dios invita a la incertidumbre y a la duda.

músculo. Trabaja con esfuerzo, realiza las repeticiones y haz las preguntas, así desarrollas la fortaleza espiritual.

El lugar común cuando comienzas a estudiar Derecho es que los libros y los profesores te enseñan «cómo pensar». No te enseñan qué pensar sino cómo analizar los hechos, evaluar los argumentos y presentar evidencias. Aprendes bastante rápido que nunca puedes ignorar los problemas en tu propia posición. Si estás desarrollando un argumento, por supuesto que vas a presentar tu mejor evidencia, pero también te encargas de los contraargumentos y enfrentas la evidencia que tienes contra ti. Si lo ignoras, tu posición va a ser una exposición débil, no vas a ser tan persuasivo. Y cuando tus oponentes tengan la oportunidad de ponerse de pie van a darte tu merecido.

Dios está listo para responder a los contraargumentos. Él no nos pide una fe ciega ni que dejemos de lado nuestro intelecto para creer en él. Por el contrario, él enciende nuestra inteligencia, la activa y desafía nuestros pensamientos. Dios ansía involucrarse en estos asuntos.

En los Evangelios, Jesús se aparece a sus discípulos después de su muerte y resurrección. En la versión de Lucas dice que, al verlo, los discípulos estaban «espantados» y «atemorizados» (Lucas 24:37). Ellos pensaron que habían visto a un espíritu. Jesús les preguntó: «¿Por qué les vienen dudas?» (v. 38). Él percibió sus dudas y les respondió: «Miren mis manos y mis pies [...]. Tóquenme y vean; un espíritu no tiene carne ni huesos, como ven que los tengo yo» (v. 39).

La duda es solo la fe
ejercitándose, como un músculo.
Trabaja con esfuerzo, realiza las
repeticiones y haz las preguntas,
así desarrollas la fortaleza
espiritual.

Siempre me he preguntado qué hubiera hecho en esa situación. ¿Me hubiese acercado a tocar sus manos y sus pies o me hubiese quedado por miedo a acercarme y arriesgarme? Nunca lo sabré. Pero esto es lo que sí sé: frente a nuestra duda y nuestro miedo, Jesús dice, de hecho: «Acércate». Él no retrocede ni se ofende. Para él, nuestro escepticismo y cuestionamiento es una oportunidad para conectar más. A menudo, nuestro instinto es hacer lo contrario, mantener la distancia.

Dios ansía involucrarse en estos asuntos.

Por lo tanto, trae tus preguntas a Dios; trae tu mente brillante y tu intelecto. Pero también trae tu corazón valiente y tus piernas fuertes porque, al final, siempre habrá que dar un salto, un salto de fe.

No todas las dudas pueden ser aplacadas tan fácilmente como al tocar una mano con heridas; no todas las preguntas se responden de manera inmediata y contundente. En especial, las dudas existenciales, como «¿por qué hay tanta maldad en el mundo que hasta parece desenfrenada?».

Se han escrito volúmenes enteros… Hasta hay toda una rama de estudios religiosos, la apologética cristiana, que se dedica a estudiar esos asuntos (para tu información, este no es ese tipo de libros, para nada). No sé si alguna respuesta podría ser suficiente, no en esta vida, no mientras sigamos siendo de carne y hueso, «ahora vemos de manera indirecta y velada, como en un espejo» (1 Corintios 13:12); no cuando en realidad estamos sintiendo, experimentando y enfrentándonos con el sufrimiento real. Incluso si hubiera alguna explicación cósmica y extensa, probablemente resultaría esotérica y aséptica, alejada e irrelevante en el mundo real.

¿Por qué Dios permite el sufrimiento?

¿Por qué un Dios amoroso permitiría que persista la maldad en el mundo?

¿Por qué la injusticia va descontrolada, milenio tras milenio?

¿Por qué Dios no desciende y le pone fin de una vez por todas?

Todo esto se lo he preguntado a Dios en voz alta.

A veces, esto es lo que escucho como respuesta:

Aún no ha terminado.

La maldad no prevalecerá.

Yo voy a descender.

Me desprendí de una parte de mí y vine al mundo para cambiar todo.

Lo estoy haciendo.

Tú quieres que aplaste a la maldad con un golpe decisivo, pero eso aplastaría a toda la humanidad.

El mundo que conoces terminaría.

Estoy en un camino diferente, en una misión de redención.

De manifestación, en lugar de destrucción.

De enseñar, en lugar de obligar.

De amor, en lugar de violencia.

Esto lleva tiempo.

Aún no he terminado.

No sería difícil encontrar fallas en el razonamiento o saltos en la lógica, pero por el momento, esto

La fe simplemente nos invita a coexistir con la duda y la convicción dentro de nosotros, a vivir con nuestras preguntas y con Dios.

tiene sentido para mí o, al menos, me trae paz. Estoy dispuesta a creer.

Cuando traemos nuestras preguntas a la presencia de Dios, tal vez no haya respuestas posibles, pero sí una relación. La fe simplemente nos invita a coexistir con la duda y la convicción dentro de nosotros, a vivir con nuestras preguntas y con Dios de forma simultánea, en vez de hacerlo a solas con uno o el otro.

La razón está de nuestro lado, el amor.[1]
Bono

CAPÍTULO 23

LA NOTA
NOCTURNA

¿Sabías que todos los expertos en bienestar dicen que no deberías mirar el teléfono justo antes de dormir, ni deberías dormir con tu dispositivo en la mesa de noche y que nunca, nunca debería ser tu teléfono lo primero que veas en la mañana?

Sí, estoy reprobada en bienestar, pónganme cero. Casi todas las noches me quedo dormida leyendo mi iPad. Mi teléfono es mi despertador (en realidad, debería decir «despertadores», ya que pongo varias alarmas). Y, por lo general, lo primero que hago en la mañana, luego de prepararme mi café, es revisar en mi teléfono todos los correos electrónicos nuevos para prepararme para trabajar ese día.

Y allí esta, como la parca macabra acechando mi bandeja de entrada: la nota nocturna.

El programa *TODAY Show* se emite cuatro horas al día, pero funciona durante las veinticuatro horas. Los productores trabajan día y noche casi de forma literal para que el programa salga al aire. En cuanto termina el programa por la mañana, todos comienzan a trabajar en el resumen del día siguiente y, como es un programa de noticias matutino, una parte del trabajo más importante sucede mientras la mayoría de la gente duerme, incluso yo.

Ahí es cuando el personal indispensable y con altas dosis de cafeína durante el turno de la noche prepara un reporte nocturno que sintetiza todos los titulares nacionales e internacionales más importantes de las últimas veinticuatro horas. No todo se habla en el programa, por supuesto. Pero la nota informa a los presentadores y productores principales los eventos y noticias más importantes alrededor del mundo para que podamos estar al corriente, al día con lo que está sucediendo, y podamos tomar decisiones a conciencia sobre las historias que deberían agregarse a la emisión de ese día.

Sin mucha imaginación, lo llamamos «la nota nocturna». La mayoría de los días es un documento impactante y deprimente.

«Los Estados Unidos sobrepasan los cuatrocientos tiroteos masivos en lo que va del año»

«Investigadores interrogan a un asesino serial en Long Island»

«Encuentran muerta a una mujer en un parque nacional luego de un "aparente encuentro con un oso"»

«Ocho heridos en accidente de bote en un lago, al conductor se lo acusó de navegar bajo la influencia de sustancias»

«La guardia costera busca cuatro personas en un barco volcado en la costa del golfo»

«Tres personas heridas de gravedad por el choque de un avión pequeño en barrio residencial»

«Bombero muere luego de un "ataque dirigido" en la estación de bomberos»

«Veinticinco personas hospitalizadas luego del colapso de una plataforma en un club de campo»

«Cuatro muertos en accidente de helicóptero en un lago lejano de Alaska»

«Vehículo atropella y mata a mujer en silla de ruedas»

«Junio fue el mes más caluroso que se haya registrado en el planeta Tierra: Servicio meteorológico»

«Las autoridades griegas evacúan 19.000 personas mientras arde un incendio forestal»

«Misil ruso se estrella en Odesa, mata una persona y daña catedral histórica»

«Tres muertos en el estado de Washington por brote de listeria»

«Retiran del mercado vasos para niños vendidos por internet porque hace poco detectaron niveles de plomo en ellos»

«Ver televisión de niño está vinculado a la hipertensión y la obesidad de adulto: Un estudio»

Ese es solo una muestra. Es solo un día (y les ahorré los titulares políticos). Y así sigue y sigue, una historia deprimente tras otra. Es imposible acceder a todas, tampoco es que quisiera («Niño pequeño muere luego de que su madre lo dejara encerrado accidentalmente en un vehículo bajo el sol»). Esto es un panorama de nuestro mundo, y mi llamada para despertarme por las mañanas. A veces es como si me dieran veinte puñetazos consecutivos en el estómago.

Esto es parte del trabajo y no me quejo. Por otro lado, conducir el show es casi siempre feliz. Estoy rodeada de personas que adoro y que son las mejores en sus profesiones; el trabajo que hacemos es significativo y desafiante. También nos reímos (mucho). Todos los días me despierto sintiéndome una de las personas más afortunadas de la Tierra (sí, incluso cuando la primera alarma suena a las 3:00 a.m.).

Pero en estos días, todos recibimos alguna versión de la nota nocturna. Ya sea que encendamos las noticias o nos bombardeen en redes sociales, todos pueden identificarse con ese sentimiento de estar agobiado por todo lo que está mal en el mundo: toda la angustia, todo el tormento, toda la división, toda la ira. Se siente como si nuestros espíritus murieran a causa de mil puñaladas, mil pinchazos diminutos en nuestro corazón. Miramos y lo vemos sangrar, no sabemos por qué motivo, pero sentimos que nuestras almas están muy heridas.

Necesitamos esperanza y fe. Pero ¿cómo encontramos fe en un mundo en el que la nota nocturna puede tener fácilmente diez páginas en lugar de cinco? ¿Cómo podemos encontrar esperanza y fe de verdad frente a tantas cosas espantosas?

¿Y qué sucede con estas convicciones que tenemos si las perdemos con tristeza? ¿Qué sucede si no existe la justicia venidera? ¿Qué sucede si esto en realidad es todo lo que hay en el mundo y luego se acaba? Tal vez solo es sufrimiento arbitrario sin esperanza en la eternidad, nada es trascendente y no existe un lado positivo; solo la decadencia constante de la humanidad, la marcha constante de la Tierra hacia la ruina. ¿Y si la idea de Dios es solo una fantasía, una historia que nos contamos para tranquilizarnos, un delirio febril o un bálsamo dulce de ilusión?

A eso respondo: sí, por favor. Endúlzame, quisiera empaparme de ese bálsamo.

—————

La mayoría de nosotros, en algún punto, nos preguntaremos si lo que creemos simplemente no es verdad. Yo lo he hecho. Yo me permití considerar la posibilidad de que esto es todo lo que hay, que nuestra noción de redención y vida eterna solo es un mito, algo que aprendimos de niños y con lo que crecimos aferrándonos emocionalmente. No existe el cielo y no existe Dios.

Sin embargo, en algún punto, decidí que no me importaba. No importaba si llegaba al final de mi vida, me moría y me daba cuenta de que todo era una mentira, que siempre había estado equivocada. Aun así, prefería pasar mi vida creyendo.

Para mí, se reduce a esto: prefiero tener esperanza y estar equivocada, que no tenerla y estar en lo correcto.

Prefiero pasar mi vida creyendo, en un estado de optimismo y expectativa, aunque algún día se pruebe que soy una tonta —porque creer que el mundo es irreversible no es una opción mejor, y mira que hay demasiadas cosas que justificarían esa posición. Estar en lo cierto con que el mundo está perdido no trae ningún consuelo, no hace que la vida sea más tolerable. El escepticismo y la desesperanza

Todos pueden identificarse
con ese sentimiento de estar
agobiado por todo lo que está
mal en el mundo. Se siente como
si nuestros espíritus murieran
a causa de mil puñaladas,
mil pinchazos diminutos
en nuestro corazón.

solo traen más angustia sobre la angustia original. La desesperanza no soluciona el problema, lo agrava.

La desesperanza no soluciona el problema, lo agrava.

A cada uno de nosotros se nos obliga a luchar contra la maldad y el sufrimiento. Nuestro mundo moderno y su ciclo incansable e infinito de noticias no nos permiten escondernos o negar que existen. Todos debemos encontrarle un sentido a eso. ¿Lo hacemos solos, con desesperanza y resignación? ¿O le damos sentido con Dios y con esperanza?

En su libro *Evil and the Justice of God* [La maldad y la justicia de Dios], N. T. Wright escribió:

> Creo que algún día lo descubriremos, pero considero que, por el momento, somos incapaces de entenderlo, de la misma forma en que un bebé en el vientre carece de referencias para pensar en el mundo exterior. Sin embargo, lo que se nos prometió es que Dios va a hacer un mundo en el que todo irá bien y todas las cosas serán para bien, un mundo en el que el perdón es una de sus piedras fundamentales y la reconciliación es el cemento que une todo.[1]

Yo creo que un día se corregirán las injusticias, los quebrantados van a estar completos, quienes no son amados van a recibir amor a manos llenas y todos vamos a ser conocidos en plenitud. Esa promesa reconoce nuestro sufrimiento real aquí y nuestra esperanza futura: «Y esta esperanza no nos defrauda, porque Dios ha derramado su amor en nuestro corazón por el Espíritu Santo que nos ha dado» (Romanos 5:5).

> Oí una potente voz que provenía del trono y decía: «¡Aquí, entre los seres humanos, está el santuario de Dios! Él habitará en medio de ellos y ellos serán su pueblo; Dios mismo estará con ellos y será su Dios. Él enjugará toda lágrima de los ojos. Ya no habrá muerte ni llanto, tampoco lamento ni dolor, porque las primeras cosas han dejado de existir».
>
> *Apocalipsis 21:3-4*

> Yo creo que un día se corregirán las injusticias, los quebrantados van a estar completos, quienes no son amados van a recibir amor a manos llenas y todos vamos a ser conocidos en plenitud.

Al final, en esta vida, no podemos saber si nuestra fe es correcta o si tristemente está equivocada. Pero sí podemos creer. Yo he llegado a la conclusión de que creer es, al menos, una mejor forma de vivir.

Esta no es una decisión de una única vez a la que nunca tenemos que regresar. Debemos elegir la esperanza, vivir nuestro día, irnos a dormir, despertarnos y volver a elegir la esperanza. Esa decisión es nuestra en cada amanecer, desde el momento en que apagamos la alarma.

> Por el gran amor del Señor no hemos sido consumidos y su compasión jamás se agota. Cada mañana se renuevan sus bondades.
>
> *Lamentaciones 3:22-23*

CAPÍTULO 24

UN ACTO
DE DIOS

Mi querida amiga se sentó frente a mí. Nos sentamos junto a la chimenea, cubiertas con mantas, mientras nuestros niños estaban en algún lugar del sótano (divirtiéndose entre ellos o, quizás, prendiendo fuego a la casa). Para ser sincera, siempre y cuando nos dejaran solas por unos preciados minutos, no nos importaba. Estábamos contentas, con nuestras tazas de café y metidas en nuestra conversación.

Conocía a Laura (¡no es su nombre real!) desde hacía un tiempo. Ella era íntima amiga de una gran amiga mía. Por lo tanto, nos habíamos juntado muchas veces en situaciones sociales, pero esta era la primera vez que pasábamos un momento largo juntas, solo nosotras. Conversamos, compartimos nuestras historias e hicimos esa especie de conexión profunda y conmovedora en la que nosotras las chicas somos tan buenas (en la Facultad de Derecho, mi compañera de cuarto Meredith y yo solíamos reunirnos en el sofá todos los domingos por la mañana para tener una charla a corazón abierto y llorar sobre el café. A estas sesiones las llamábamos «pañuelos y problemas», o «P y P», para hacerlo más corto).

Esta vez éramos Laura y yo haciendo «P y P». Hablamos acerca de lo que nos ayudó en los momentos más difíciles de nuestras vidas. Ella acababa de pasar por un período oscuro en particular: acababa de perder un embarazo de veinte semanas y, para colmo, por poco perdió su vida por una infección relacionada con eso. El dolor de perder a su bebé era devastador. En el hospital, ella sostuvo el cuerpo diminuto de su pequeña, la envolvió en una manta y le dijo adiós. El calvario de perder a una hija y estar al borde de la muerte ya era bastante traumático, pero aún había más. Más tarde descubrió que había sido víctima de malas recomendaciones médicas y, a fin de cuentas, de un doctor negligente. Un trauma tras otro, un duelo tras otro. Comenzar a darse cuenta de que le habían mentido y la habían manipulado quienes debían cuidarla hizo añicos su último rastro de resiliencia. Ella descendió a un lugar de profunda desesperanza, enferma de cuerpo y alma. Buscó ayuda en todos lados, en cada acupunturista, persona empática, terapista, curandero o gurú que encontró. Estaba desesperada por sentir alivio. Mientras sus hijos mayores se iban a la escuela, ella se sentaba sola sin más fuerzas que la energía obsesiva (como dice ella) de encontrar algo, cualquier cosa, que pudiera regresarla a sí misma.

Cuando estábamos sentadas junto al fuego, ella ya había regresado hace rato de ese lugar de oscuridad. Ella había hecho mucho trabajo, y luego un poco más. Un año antes, había asistido a un retiro que desató un cambio profundo dentro de ella y llegó a la conclusión de que, de alguna manera, ella era su propia sanadora. El poder había estado dentro suyo todo el tiempo, como le dijo la bruja buena a Dorothy en *El mago de Oz*. El fruto de su trabajo se hizo evidente. Ella comenzó una nueva forma de vivir y nuevos hábitos que la centraban. Dejó de beber (no tanto poque tuviera un problema, me explicó, sino porque se sentía tan, pero tan bien en su nueva perspectiva que no quería que nada lo alterara). Ganó confianza en su interior, comenzó a confiar más en ella, a establecer límites y obtener fuerzas. Era una persona distinta, sí, incluso mejor persona que antes.

Cuando nos sentamos allí ese día, ella estuvo reflexiva e introspectiva. Me dijo: «Tal vez Dios permitió que todo eso sucediera porque yo necesitaba atravesar este camino». Quizás, razonó ella, esa era la manera de descubrir esta forma de vivir mejor y este camino en el que ahora andaba con tanta seguridad.

Sus palabras me llegaron y me conmovieron. A menudo esa es la sabiduría a la que nos aferramos, el sentido que intentamos darle a nuestro sufrimiento. Con valor, hacemos esfuerzos enormes para encontrarle algún sentido al dolor, algún lado positivo a la más oscura de las tormentas. Para quienes tenemos fe, Dios suele ser un personaje principal en estas narrativas. A la gente le gusta decir: «Todo sucede por una razón», «¡Dios te estaba enseñando una lección!», «Dios no va a darte más de lo que puedas soportar» y, la peor de todas, cuando alguien muere muy pronto, «¡Dios necesitaba otro ángel!». Incluso nos referimos a desastres naturales (un tornado, terremoto o huracán) como «un acto de Dios», como si él fuese un gran meteorólogo en el cielo haciendo llover desgracia sobre la tierra de forma arbitraria.

No.

No, no y no.

Cuanto más entiendo y conozco a Dios, más reacciono a esto de forma instintiva, aunque confieso que he buscado refugio en este tipo de sentimientos muchas veces en mi vida y he encontrado cierto consuelo. Intenté encontrarle un sentido a la muerte de mi padre de ese modo. Él era un hombre muy complicado y atormentado. Tal vez Dios lo salvó de una vida de continuas dificultades y desilusiones internas al llevárselo aún joven. Un pensamiento todavía más audaz: quizás su partida prematura, que destrozó a nuestra familia, era un acto de compasión hacia nosotros también, porque, aunque lo adorábamos, él podía ser una persona errática y aterradora, y su severidad y su rigor eran muy influyentes. Tal vez su muerte era la única forma en que el resto de nosotros (Mamá, Cam, Annie y yo) pudiéramos ser libres para florecer como realmente éramos. Mi padre, sin dudas, hubiese desaprobado la elección de mis dos carreras, noticiero televisivo (¡superficial! ¡falsa!) y derecho (¡ya hay muchos abogados!). Intentar ver eventos dolorosos de la vida de esta manera, es un testimonio de nuestra resiliencia humana y, a veces, estas cosas también pueden contener algunas verdades.

Sin embargo, yo no puedo creer que Dios sea autor del mal. La Biblia dice que Dios «es bueno con todos; él tiene misericordia de todas sus obras» (Salmos 145:9). Lo tomo como dice su Palabra. No podemos creer al mismo tiempo que Dios es amoroso y que ese mismo Dios causa sufrimiento en un esfuerzo por enseñar las lecciones más importantes de la vida. Debemos apuntar más alto y tener una opinión más amplia de Dios. Dios es Dios. Tiene muchísimos ángeles y puede enseñar lecciones y rumbos correctos sin necesidad de generar sufrimiento inmerecido a sus hijos.

Esto es importante, porque pensar de otra manera, aunque concluyamos en que nuestro dolor fue «todo para bien», al final, hace que estemos un poco en paz con nuestro sufrimiento y con Dios. Sin embargo, me temo que solo es una paz superficial. Si no nos animamos a entrar en ciertos lugares, eso puede hacer que en nosotros permanezca un sentimiento de miedo y resentimiento contra Dios. Tal vez tengas un corazón muy bueno o seas muy devoto como para darle voz a esos fantasmas o incluso para dejar que sus susurros lleguen a tu conciencia. Pero yo tengo una personalidad rebelde e irreverente, yo soy propensa a pensar: *Está bien, Dios, ¿de verdad? ¿De verdad no había otra forma de lograr tu objetivo aquí? Puedo reconocer algún otro resultado positivo y hasta ser agradecida por eso, pero ¿de verdad era necesario hacerme pasar todo esto para conseguirlo? Y, aun si estoy convencida de que no tenías otra opción, ¿a dónde me deja esto ahora? ¿Cómo puedo confiar en ti, Dios, si temo que estés tramando otro infortunio para mi próxima lección dolorosa de vida?*

Si nuestra estructura de creencias, consciente o inconsciente, incluye una versión de Dios que nos exige dolor, puede ser un problema. Como mínimo, nos crea un problema de confianza con Dios. Nuestra guardia va a estar alta y vamos a crear distancia. Yo tengo que creer que el objetivo de Dios siempre es lo contrario. Todo lo que podemos recopilar de las Escrituras y de la vida de Cristo nos demuestra que el deseo ferviente de Dios es estar cerca de nosotros.

Sin embargo, tal vez hay algo de verdad en ver la mano de Dios, aun en angustia. Tal vez la verdadera respuesta no está tan lejos. Dios no causa dolor, pero él sí convierte nuestro dolor en promesas. Él convierte el sufrimiento en algo significativo. Él convierte el lamento en danza. De hecho, la redención de circunstancias que parecen imposibles es su especialidad.

Eso me recuerda a la historia de José en el Antiguo Testamento. Sus hermanos celosos lo vendieron como esclavo a Egipto. Ellos supusieron que él ya estaría muerto, sin embargo, José los perdonó y les dijo: «Ustedes pensaron hacerme mal, pero Dios transformó ese mal en bien» (Génesis 50:20).

Es muy reconfortante cuando nuestra perspectiva se amplía y podemos ver los eventos de nuestras vidas en una imagen más completa, con mejor luz. Con los ojos de Dios podemos ver que podemos encontrarle un sentido incluso a las tristezas más inimaginables de nuestras vidas. Dios no provoca maldad y sufrimiento, pero sí puede transformarlo. Esa es una distinción sumamente sutil, pero es muy importante.

Vivimos en un mundo roto, un mundo de accidentes, injusticias y enfermedades, donde existen los accidentes aéreos, el abuso infantil, las mentiras, la manipulación y la superficialidad. Un mundo que, a veces, parece estar diseñado para que los malvados prosperen (Job 21:7).

Este no es el mundo que Dios planeó ni va a permitir que continúe así por siempre. Pero mientras estemos aquí, mientras él está obrando para rescatarlo y para la reconciliación cósmica, que va mucho más allá de nuestro entendimiento, nos promete estar con nosotros. Él promete hacer bien del mal, transformar lo que está mal en algo que esté bien.

Ese *es* un acto de Dios.

Dios no causa dolor, pero
él sí convierte nuestro dolor
en promesas. Él convierte el
sufrimiento en algo significativo.
Él convierte el lamento en danza.

CAPÍTULO 25

¿QUÉ HAY DE
JOB?

C ielo, tenemos un problema.

Me cuesta creer que Dios causa maldad y sufrimiento sin problema. Eso no es consistente con el Dios que conozco, pero al mismo tiempo, nos enfrentamos a un hecho atroz e innegable. A veces, lo permite, y si él permite el sufrimiento, cuando podría detenerlo, ¿cuál es la diferencia? También podría ser él quien lo causa.

No me gusta esta verdad, pero no puedo evitarla ni endulzarla. Si de verdad creemos en un Dios todopoderoso, con soberanía sobrenatural sobre el tiempo y el espacio, entonces debemos creer que posee el poder para protegernos y cubrirnos de los daños, pero que a veces no lo utiliza.

¿Por qué?

Para mí, ese es el mayor: «¿Por qué, Dios?», la amenaza más grande a mi fe. No imagino desafío más grande para nuestra fe que cuando nos sucede algo devastador, o peor, cuando le sucede a alguien que amamos.

Hace algunos años, el programa *60 Minutes* hizo un perfil de padres que perdieron a sus hijos en la masacre de Sandy Hook. La historia presentaba varias familias y las diferentes formas en que sobrellevaron lo inimaginable. Al final, apareció una mujer llamada Nelba Márquez-Greene. Una madre joven, de pelo enrulado y ojos brillantes que ese día perdió a su hija de seis años, Ana Grace. Tal vez recuerdas imágenes de la pequeña angelical con rizos al igual que su madre, sentada con su hermano en el piano, acompañándolo alegremente mientras él tocaba un himno.

Los Márquez-Greene eran una familia de fe profunda. El entrevistador le preguntó:

—¿Y qué sucede ahora con esa fe? ¿Cómo se sostienen en ella frente a semejante pérdida?

Nunca olvidaré su respuesta. He compartido sus palabras con muchas personas a lo largo de los años y, hasta el día de hoy, no puedo pronunciarlas sin que se me quiebre la voz. Nelba respondió:

—El momento en que me reúna con ella, quiero oír dos cosas. Quiero oír: «Bien hecho, sierva buena y fiel»; y también: «¡Hola, mamá!».[1]

¿Cómo reconciliar al sufrimiento inmerecido con la fe en Dios? Las palabras de Nelba nos muestran la forma. La fe no explica ni puede explicar por qué se permite que los inocentes sufran; simplemente nos da la esperanza de que existe un lugar y un momento en el que ese sufrimiento va a terminar, en el que las conexiones se van a restaurar y la vida será eterna, «en la tierra como en el cielo» (Mateo 6:10).

Años después, conocí a Nelba. Sus palabras y su ejemplo se anidaron en mi corazón. No podía quitarla de mi mente… y tampoco quería. Finalmente, reuní el coraje para invitarla a almorzar. Quería entender más acerca de su fe y su duelo, cómo había conseguido darle sentido a lo que no lo tenía. Nos encontramos en una bodega cerca de su casa. Ella trajo ensaladas, porciones de pastel de almendras y una copia del sermón que había dado el pastor en el servicio conmemorativo de Ana Grace. Ella fue cálida, abierta y generosa de espíritu. Su sola existencia es un triunfo del bien sobre el mal.

Nelba me contó que seis meses antes del tiroteo, ella y su esposo habían asistido a un estudio bíblico en su iglesia natal en Winnipeg, Canadá, donde habían residido por mucho tiempo. Nelba nació en Puerto Rico. Ella y su esposo, Jimmy, crecieron en Connecticut. Tan solo unos meses antes de la masacre, se habían mudado de vuelta al noreste, a una nueva ciudad llamada Newtown, irónicamente, soñando encontrar un lugar más seguro y tranquilo que los que habían conocido para que crecieran sus hijos.

El estudio bíblico se centraba en Job (para mí, uno de los libros más desconcertantes y perturbadores de toda la Biblia). Job era un hombre devoto y fiel, y Dios permitió que atravesase grandes pruebas. Job perdió todo: su salud, su posición en la comunidad, sus amigos y su familia. Sin embargo, él se mantuvo aferrado a su fe en Dios, desafiando los pronósticos de Satanás según los cuales las personas solo se mantienen fieles cuando son bendecidas, y que abandonan su fe al primer signo de sufrimiento. Job se mantuvo comprometido y, al final, habiendo probado su devoción, Dios lo bendijo devolviéndole todo lo que había perdido: salud, posición, poder y hasta una nueva familia.

Nunca me ha gustado esta historia. Incluso, aunque Dios «restauró» todo lo que Job había perdido, ¿quién quiere una familia de repuesto? ¿Cómo se supone que te recuperes cuando Dios permite que pases tanto sufrimiento? ¿Cómo se supone que confíes en él otra vez?

Nelba ve las cosas de forma diferente y, si ella puede, entonces seguramente yo también pueda hacerlo. Sin dudas, debo hacerlo. Nelba cree que Dios le dio ese estudio de Job a fin de prepararla para lo que venía; para que, en el día de su desesperación, ella y su esposo estuvieran provistos de «una fe robusta y valiente». Una fe robusta y valiente. Esas fueron las palabras que utilizó el pastor de Nelba en el sermón conmovedor y poderoso que dio durante el servicio conmemorativo de Ana Grace, del que ella había traído una copia a nuestro almuerzo.

Nelba me contó una historia extraordinaria acerca de uno de sus momentos más oscuros. A veces, luego del asesinato de Ana, sobrepasada por su tristeza y su desesperanza, oraba con desesperación: «Haría lo que fuera, incluso darle mi alma a Satanás, si tan solo pudiera tener un momento más con mi niñita». Ella se durmió profundamente y tuvo un sueño intenso. Más que sueño, lo llamaría una visión del Antiguo Testamento. Ella soñó que tenía a Ana nuevamente, pero que Dios no estaba; era una realidad oscura e insoportable. Cuando se despertó, se sintió distinta. Ella supo que este camino roto y solitario que estaba obligada a caminar, esta vida de sufrimiento que ahora debía vivir, debía ser hecho con fe. Con una fe valiente, robusta y fuerte.

Cuando murió mi padre, recuerdo que algunos amigos me preguntaban cómo podía seguir creyendo en Dios, si su muerte repentina a los cuarenta y nueve años no me había hecho dudar de mi fe. Yo dije: «No, ahora es cuando más necesito a Dios». Nelba dijo algo similar, nunca consideró desistir de su fe o abandonar a Dios. Pero dijo: «Lo que sí tengo, son muchas preguntas para hacerle».

Esa es la respuesta. No existe una respuesta. A veces, la fe simplemente es elegir vivir y coexistir con preguntas para las que nunca habrá una explicación satisfactoria. Al menos, no en esta vida.

Una vez, alguien le preguntó al reconocido pastor Tim Keller por qué un Dios bueno permitiría el sufrimiento inmerecido. Él respondió que cualquier respuesta que diera sería como un balde lleno solo hasta tres cuartos de su capacidad.[2] Es un misterio. No lo sabemos. Dios no nos da esas respuestas. Él solo se dio a sí mismo.

> Lo mismo les pasa a ustedes; ahora están tristes, pero cuando vuelva a verlos se alegrarán y nadie les va a quitar esa alegría. En aquel día ya no me pedirán nada.
>
> *Juan 16:22-23*

Ese día, no tendremos más preguntas. Tendremos entendimiento y, lo que es más importante, lo tendremos a él. Tendremos vida, eternidad y a nuestros seres queridos nuevamente con nosotros. No más llanto, no más agonía, no más duelo. El Cielo es el mundo que Dios siempre deseó.

La fe no explica ni puede explicar
por qué se permite que los
inocentes sufran; simplemente nos
da la esperanza de que existe un
lugar y un momento en el que ese
sufrimiento va a terminar.

CAPÍTULO 26

ENVÍAME A CASA

Estoy agradecido por el tiempo que Dios me ha dado,
pero estoy listo para ver a Jesús. No puedo esperar
para verlo. Envíame a casa.[1]

Timothy J. Keller

D e todas las palabras que pueda imaginarme diciendo en mi lecho de muerte, estoy segura de que nunca podría pronunciar esas. Amo a Dios y realmente creo sus promesas de una eternidad mejor, pero a la hora de la verdad, sigue siendo un paso gigante. Nadie vive para contar lo que sucede después (por definición). Cuando esté mirando a la muerte frente a frente, no estoy segura de que pueda tener la disposición calma, extraordinaria, esperanzadora y expectante que tuvo Timothy Keller.

Keller fue un pastor y maestro que admiro mucho. Asistí a su iglesia durante años, la iglesia presbiteriana Redeemer, en la ciudad de Nueva York. Él falleció a los setenta y dos años, luego de una larga lucha contra el cáncer. Recuerdo cuando solía pensar que los de setenta eran viejos. Ya no pienso eso: era demasiado joven.

Timothy Keller («Dr. K», como lo apodamos con Lindsay, mi gran amiga de la iglesia) tenía una influencia enorme en mi entendimiento de Dios. Era un predicador tan talentoso que la iglesia que fundó en el corazón de la ciudad de Nueva York (que no es considerada exactamente como una meca religiosa) se multiplicó en cuatro lugares diferentes. Los domingos por la mañana, él iba de servicio en servicio por toda la ciudad. Llegaba después de que iniciaban para dar el sermón y luego se iba por la puerta trasera para poder llegar al siguiente. No podía estar en cuatro lugares a la vez, así que, en un domingo cualquiera, nunca se podía estar seguro de que estuviera en la misma ubicación que tú. Si intentabas anticiparte para averiguar en qué servicio iba a predicar, la recepcionista de la iglesia no te lo decía, no sea cosa que nadie fuera a las otras. Así que lanzabas los dados e ibas al servicio más conveniente para ti, en la esperanza de ganar la lotería esa semana. Tu corazón se elevaba cuando lo veías a él entrando en silencio durante los himnos. La iglesia era como un bar secreto en el que Bono hacía canciones acústicas de sorpresa. En ese aspecto, era Manhattan por excelencia, donde competir por una buena mesa o buenos boletos es una forma de vida.

Muchas personas me recomendaron visitar Redeemer cuando me mudé a la ciudad de Nueva York. La primera vez que fui, no entendí a qué se debía el escándalo. Su forma era modesta, su apariencia ordinaria. El servicio era serio y seco: los himnos antiguos en el piano y el texto de enseñanza correcto, arcaico e impenetrable. Luego

Tim se puso de pie para hablar. De su boca surgió una exposición brillante de enseñanzas bíblicas que era, de alguna manera, tanto erudita como emocional. Mi corazón y mi mente se encendieron. El sentimiento era similar al de los dos discípulos camino a Emaús: «¿No ardía nuestro corazón mientras conversaba con nosotros en el camino y nos explicaba las Escrituras?» (Lucas 24:32).

Los corazones se encendían cuando Tim predicaba la Palabra. Él tenía el don de hacer que enseñanzas arcaicas cobraran vida, sus observaciones eran brillantes y emotivas, estaban condimentadas por su toque de humor. Él era propenso a hacer declaraciones breves y penetrantes, por ejemplo: «Eres a la vez más pecador e imperfecto de lo que jamás te atreverías a creer, sin embargo, también eres más amado y aceptado de lo que jamás te atreverías a desear».[2]

Nunca conocí a Tim de forma personal, nunca tuve la oportunidad, pero sus enseñanzas me presentaron a Dios de una forma en la que nunca lo había contemplado antes. Incluso luego de que me mudé y dejé de asistir a Redeemer, seguí comprando sus libros, escuchando sus sermones en línea y siguiéndolo en Twitter. Así es como en mayo de 2023, vi el tuit de su hijo diciendo que Tim estaba en los últimos momentos de su vida y había sido trasladado a un hospital para enfermos terminales. Su tiempo estaba cerca. «Su familia está muy triste porque todos queríamos más tiempo», escribió su hijo Michael.[3] Pero en cuanto a Tim, él solo quería ver a Jesús.

«No puedo esperar para ver a Jesús».

Fíjate en la elección de palabras. No dijo *encontrarme* con Jesús, sino *ver* a Jesús. Tim no tenía miedo de a donde iría porque él conocía a alguien ahí. Él estaba yendo a ver a Jesús, no a encontrarse con él por primera vez.

Cuando pienso en la muerte y en morir, cuando surgen los miedos, este pensamiento me reconforta. De todo lo que es desconocido acerca de lo que sucederá (¿A dónde iré? ¿Cómo es? ¿Qué haces allí todo el día?), lo único conocido es Jesús. Es como cuando temes ir a una fiesta o a un evento del trabajo porque va a estar lleno de extraños. Solo se vuelve tolerable si descubres que conocerás al menos a una persona de allí. En el caso de la vida después de la muerte, el único consuelo que tengo es que no me saludará un extraño, sino un amigo.

> Jesús es nuestro vínculo entre este mundo y el que viene.

Jesús es nuestro vínculo entre este mundo y el que viene. Él está allí y ha estado aquí. A veces pienso en sus brazos extendidos en la cruz. Imagino una mano tocando al mundo que viene y la otra tocando al nuestro. Él es la conexión. Él es la forma en que podemos amigarnos con la idea de la eternidad.

A veces esto me da un gran consuelo y, otras, aún me asusta.

Cuando lo vieron, lo adoraron; pero algunos dudaban.

Mateo 28:17

Los discípulos creyeron, pero dudaban. Fe e incredulidad en una misma oración. ¿Hay algo que capture mejor lo que es ser humano? Vemos solo una porción de lo que Dios hace, no la imagen completa. La muerte es el mayor de los desconocidos y por supuesto que tenemos miedo, por supuesto que cuestionamos. Creemos, sí, y también dudamos. Dios está bien con ambas. Él sabe y entiende.

En su lecho de muerte, Tim le dijo a su hijo: «No hay ningún aspecto negativo en que yo me vaya, ninguno».[4] Me encanta su certeza. Me encantan sus oraciones declarativas, breves y penetrantes, hasta en el final. Aspiro a tener esa fe, esa certeza y esa esperanza expectante. Tim fue mi maestro hasta en su último aliento, aunque nunca lo haya conocido. No aún, de todos modos. No puedo esperar a verlo.

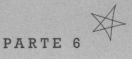

PARTE 6

PROPÓSITO

CAPÍTULO 27

LA FRAGANCIA
DEL EVANGELIO

uando iba a la iglesia de adolescente, en los grupos de jóvenes siempre insistían en que le habláramos de Cristo a nuestros amigos, que «testificáramos» a otros de nuestra fe. Esto era literalmente lo último que quería hacer. Durante la mayor parte de mi adolescencia, quería pasar desapercibida y desaparecer. No quería nada que me distinguiera de todos los humanos en mi órbita adolescente, de ninguna forma o manera. Odiaba mi cabello rizado. Odiaba mi figura regordeta. Ni siquiera me gustaba mi nombre. Era tan diferente, especialmente en ese entonces. ¿Savannah? Nunca lo encontrarías en esos pequeños llaveros con placas de matrícula que le rogabas a tu mamá que comprara en el supermercado. ¿Por qué no pude haber sido Bridget, Denise o Jenny? Todo lo que me hacía diferente era una fuente de gran humillación.

Por ejemplo, yo estaba (sin explicación alguna) profundamente avergonzada porque el manubrio de mi bicicleta nueva —que mis padres, con mucho esfuerzo, me habían comprado como regalo de Navidad— era diferente al de las bicicletas de mis amigos. El manubrio de ellos era curvo y el mío era recto. Demasiada diferencia para que yo la soportara. Por lo tanto, para desconcierto y desilusión de mis padres, rara vez montaba la bicicleta. Se quedó en el garaje, brillante y casi sin usar, era una humillación para mí en la escuela y una fuente de culpa y vergüenza en casa, por haber lastimado a mis padres al despreciar tan descuidadamente un regalo por el que habían trabajado tanto para hacer realidad.

Así que cuando el pastor de jóvenes nos dijo que le habláramos a nuestros amigos de Jesús para que ellos pudieran ser «salvos», fue un gran: «no, gracias» de mi parte. Incluso durante la universidad y en los primeros años de mi adultez, no era precisamente abierta sobre mi fe o mi religión. No la escondía, pero no buscaba traer el tema a las conversaciones. (Desde luego, mi vida tampoco fue un modelo de rectitud moral; ¡sí, yo era esa que en la fiesta de la hermandad llevaba un paquete de seis cervezas para mí!). Encontré anotaciones en mi diario de finales de mis veintes y principios de mis treintas donde me regañaba por no ser más directa sobre mi fe. Confesé en esas páginas que incluso mis amigos más queridos no tenían idea de cuán importante era mi fe para mí. Dios era un pequeño y sucio secreto que llevaba conmigo.

Para empeorar las cosas, no quería estar en compañía de los que proclamaban su cristianismo a los cuatro vientos. Los que se presentaban a las protestas con grandes pancartas que decían «Dios odia a [inserte grupo X]». ¿Dios odia? ¿Eh? Como dice Bon Jovi: «You Give Love a Bad Name» [Le dan mala fama al amor].[1]

Y así.

Y así, y así, y así.

Eso no es excusa para no compartir la buena nueva de Dios. De hecho, es una razón más para correr la voz. Fuerte y con orgullo.

Esta es la cuestión: si encontraras un rociador que milagrosamente eliminara las manchas de vino tinto de tu sofá blanco, se lo dirías a todo el mundo, ¿verdad? ¿Por qué? Porque es una gran noticia y querrías que todos tus amigos lo supieran.

Para mí, ese es el espíritu del evangelismo. Eso es lo que debemos hacer: decirle a la gente la buena noticia de que Dios los ama para que puedan formar parte de eso. Dios se encargará del resto.

> Sin embargo, gracias a Dios que en Cristo siempre nos lleva triunfantes y, por medio de nosotros, esparce por todas partes la fragancia de su conocimiento.
>
> *2 Corintios 2:14*

Siempre me ha llamado la atención esa palabra: «fragancia». Fíjense que no dice aroma, ni olor ni mucho menos hedor. No es como una de esas señoras en la iglesia que llevan demasiado perfume. La «fragancia» evoca algo encantador, agradable y, sobre todo, suave. Dios nos dijo cómo hacerlo, justo en esas palabras.

Jesucristo no forzaba a nadie. No sermoneaba innecesariamente. Él respondía a las preguntas, contaba historias y decía la verdad con firmeza y sin rodeos. Y, cuando fue rechazado, no protestaba ni se resistía. De hecho, se dejó matar. Su «testimonio» fue su vida y en su declaración utilizó muy pocas palabras.

> Predica el Evangelio en todo momento y cuando
> sea necesario usa palabras.[2]
> **Atribuido a San Francisco de Asís**

Los eruditos están en desacuerdo con la formulación exacta de esta cita, con su significado e, incluso, dudan si es cierto que San Francisco la dijo (de hecho, el teólogo que revisó este manuscrito me dijo que los expertos modernos ya no creen que sea de San Francisco) (¡Hola, Joel!). Eso es divertido para los eruditos, pero para el resto de nosotros, lo esencial está claro: comparte la buena noticia que tienes de Dios, no solo con tus palabras, sino también con tu vida, tu carácter y tu esencia.

Esto es llevar la fragancia de Dios, algo que, por cierto, solo es posible cuando estamos cerca de él. Cuanto más mantengamos la compañía de Dios, más perdura ese aroma de amor y aceptación, de humildad y perdón, de verdad y paz auténtica. No tenemos que forzarlo. Basta con estar en la presencia de Dios para que su esencia forme parte de nosotros. Y cuando estamos lejos de él, sí, la fragancia se desvanece.

Recuerdo el relato de los Evangelios en el que María lava los pies de Jesús con un perfume muy caro. Las escrituras dicen: «Y la casa

Dile a la gente la buena noticia
de que Dios los ama para que
puedan formar parte de eso.
Dios se encargará del resto.

Comparte la buena
noticia que tienes
de Dios, no solo
con tus palabras,
sino también con
tu vida, tu carácter
y tu esencia.

se llenó de la fragancia del perfume» (Juan 12:3). En mi imaginación, la fragancia era el amor y la gratitud que ella sentía por estar en la tierna presencia de Dios.

Los que rodeaban a María protestaron porque derrochar ese perfume tan caro era una deferencia excesiva, cuando podría haberse vendido para obras de caridad. ¿Realmente querían ayudar a los pobres o querían sentirse superiores a María? El Evangelio no lo dice. Solo dice que Jesús defendió a María y, básicamente, les dijo a todos que lo olvidaran. «Dejen que esta fragancia se derrame, que el aroma se eleve y llene este espacio. El dolor, la tristeza y la necesidad siempre estarán con nosotros. También necesitamos que el amor, la amabilidad y bondad llenen el aire».

> Por tanto, imiten a Dios como hijos muy amados y lleven una vida de amor, así como Cristo nos amó y se entregó por nosotros como ofrenda y sacrificio fragante para Dios.
>
> *Efesios 5:1-2*

Este libro comenzó con ese versículo, ese de Efesios que alguna vez me pareció conservador y distante. El que se tradujo como «mayormente lo que Dios hace es amarlos». El que cambió mi actitud en la fe.

Y he aquí, justo ahí, en el original, descubrí algo nuevo.

«Fragante».

Debo haber leído este verso miles de veces, sin embargo, acabo de verlo por primera vez. Dios realmente habla nuestro idioma.

No necesitamos megáfonos ni calcomanías, no necesitamos abordar a la gente por la calle ni maltratar gramaticalmente a la palabra «testimonio». Que simplemente brote de nosotros el aroma dulce que delata el tiempo compartido con Dios: la bondad, la amabilidad y el amor; y que esa fragancia permanezca en el aire.

CAPÍTULO 28

MAYORMENTE LO QUE HACEMOS (O PODEMOS HACER)

Una imagen me despertó de un sueño profundo. Fue extraño, porque apenas me di cuenta la última vez que apareció en mi pantalla, quizás distraída por haberlo visto tantas veces. El anuncio está regularmente durante el día en las noticias de cable que parpadean continuamente en las paredes de mi lugar de trabajo, donde los monitores de televisión empapelan cada espacio disponible. Es un anuncio de una organización benéfica de África llamada Mercy Ships, que ofrece procedimientos médicos gratuitos a bordo de una embarcación del tamaño de un crucero a personas con enfermedades urgentes y degenerativas que, si hubieran tenido la suerte de vivir en otro lugar, serían fácilmente curables o prevenibles.

Sus condiciones son impactantes y devastadoras: tumores faciales agrandados de forma terrible del tamaño de pelotas de béisbol o niños afectados por paladares hendidos avanzados. Estas son las imágenes que me despertaron en medio de la noche. Pensé en todas esas personas que caminan con dolor, con deformidades, marginadas por una cultura que entiende su condición como una señal de que están malditas y de que, de alguna manera, han ofendido a Dios. Viven en las sombras, y apenas se las trata como seres humanos.

Este fue el pensamiento que me sobresaltó mientras dormía: ¿Cómo se siente esa persona al saber que "mayormente lo que Dios hace" es amarla? Me ruboricé de la vergüenza. ¡Qué visión tan occidental, privilegiada y obtusa de la espiritualidad!

¿Por qué las personas tienen que sufrir? Peor aún, ¿por qué algunas personas tienen que sufrir mientras otras prosperan? Esa es la pregunta, el momento en que la duda deja caer el micrófono. El crisol de la fe.

¿La respuesta? No hay una respuesta. Al menos, ninguna buena. No tiene sentido, no es correcto, no es justo. No sé cómo la gente espera sentirse amada y apreciada por Dios cuando sus experiencias terrenales están hechas de sufrimiento, casi en su totalidad. Estas preguntas son muy inquietantes y angustiosas. Las explicaciones que se ofrecen son tan insatisfactorias que comprendo perfectamente por qué a menudo son un escollo fatal para la fe, un obstáculo insuperable para creer en Dios.

De acuerdo.

Pero…

Nuestras dudas espirituales son válidas, pero no deben ser un obstáculo para hacer todo lo que podamos al respecto.

Mayormente lo que podemos hacer es amarlos.

Creo que ese es nuestro llamado divino.

¿Cómo puede alguien que sufre injustamente sentir que «mayormente lo que Dios hace» es amarlo? Cuando sienten ese amor de nuestra parte lo hacen.

Para aquellos que sufren, puede ser demasiado difícil creer en Dios, demasiado distante, un concepto demasiado esotérico como para que alguien lo sienta. ¿Quién puede culparlos? Pero el amor, el cuidado y el contacto de un ser humano que esté justo a su lado, no debería ser difícil. Cuando miramos a alguien a los ojos, ofrecemos nuestro abrigo a alguien o invitamos a un extraño a sentarse con nosotros, transmitimos el amor de Dios. No importa si el destinatario lo reconoce o no. Dios no es dependiente ni neurótico, no busca reconocimiento. Él busca que su pueblo, todo su pueblo, se sienta amado, cuidado y apreciado. Él se glorifica cuando sus hijos son los portadores de ese amor.

> ¿Cómo puede alguien que sufre injustamente sentir que «mayormente lo que Dios hace» es amarlo? Cuando sienten ese amor de nuestra parte lo hacen.

Esto es algo sorprendente. Dios nos invita a participar en esta obra inmensa e incompleta. A ti, a mí, a nosotros. Dios nos hace a los seres humanos el mayor cumplido al elegirnos para su Gran Comisión. Él nos nombra sus agentes para que extendamos por todas partes el amor que vemos en él.

La ciudad de Nueva York está llena de gente con personalidad del tipo A. Confieso que soy una de ellas. A veces, en el trabajo, me quejo conmigo misma: «Voy a hacer esta investigación yo misma, voy a reescribir este guion o voy a hacer esta llamada yo... porque es más fácil». Es la vieja actitud de: «si quieres que algo se haga bien, tienes que hacerlo tú mismo».

¿Has oído esa frase alguna vez? ¿Te la has dicho alguna vez a ti mismo? (¡Yo sí!). Es la mayor ofensa a los demás, ¿no? De hecho, es decir: «No eres lo suficientemente bueno como para ayudar con esto. No lo harás bien. Esto es demasiado difícil, grande o complicado para ti». Es falta de fe, un voto de desconfianza, negar a otros la oportunidad de brillar, de sorprenderte, de aprender o de florecer.

Esta no es la forma en que actúa Dios, por el contrario. Dios dice: «Ven conmigo... Te enseñaré a hacer lo que yo hago. Te mostraré cómo amar a la gente por completo».

Piensa en esto un momento. El Dios del universo cree que somos dignos y capaces. Cuando él nos invita a realizar este trabajo, nos otorga un gran honor a la humanidad, nos da la máxima dignidad, nos da una misión y un sentido.

Es algo más grande que la riqueza, la fama, el conocimiento, la sabiduría. Es más que la belleza o la alabanza, eso es lo que nosotros anhelamos. Propósito. Dios nos da un propósito profundo y divino (ámense unos a otros), y nos invita a todos a ser parte de ello. Jesús siempre nos vio como su plan A.

Hace poco fui testigo de una triste situación común en la ciudad de Nueva York: un hombre sin hogar llevaba consigo un cartel en el que pedía comida. La escena me llamó la atención más de lo normal porque le acompañaban dos niños pequeños, también con carteles. Me dirigía a un programa extraescolar con mi hija, que tenía más o menos la misma edad que los niños de la calle. Pensé en lo diferente que era la vida de los hijos de este desconocido y los míos; y lo injusto que era eso. Me invadió la culpa. Llegaba tarde, como de costumbre, así que seguí caminando y dejé a Vale, esperando que no se hubiera dado cuenta de la escena, ni concentrado en ella.

En el camino de vuelta, decidí volver a cruzarme con la familia y preguntarles si podía comprarles la cena. Cuando llegué, alguien se me había adelantado. Los niños estaban felices comiendo una pizza recién hecha, pero me di cuenta de que el padre no estaba comiendo.

—Hola —le dije—, ¿quiere que le traiga algo más para comer? Hay un Subway justo enfrente. Podría traerle un sándwich.

Su respuesta me sorprendió.

—Hay un sitio donde venden cordero justo por allí —dijo señalando la siguiente manzana.

De acueeeerdo —pensé atónita. Me extrañó un poco que hubiera pedido una cocina específica—. «Supongo que los mendigos también pueden elegir», bromeó mi lado sarcástico interior. Me avergoncé de inmediato, me regañé a mí misma como merecía y caminamos juntos hasta el lugar de carne asada. Compré comida y agua para la familia y seguí mi camino.

Si crees que cuento esta historia para felicitarme por un acto de caridad, piénsalo otra vez. De camino a casa, tuve una revelación

Cuando Él nos invita a realizar
este trabajo, nos otorga un gran
honor a la humanidad, nos da
la máxima dignidad.

conmovedora. «¿Qué hubiera hecho Jesús?». Estoy segura de que mucho más que comprar un sándwich y marcharse. Hubiera comprado la comida y se hubiera sentado a cenar con ellos. Le

Su amor nos envuelve por completo.

hubiera preguntado al hombre su historia y qué más necesitaba la familia. Él hubiera intercambiado números y se hubiera mantenido en contacto.

El tipo de amor al que Jesús nos llama no es superficial ni distante, no aparece de vez en cuando, sino que se sumerge profundo y se dedica con atención. Después de todo, esa es la manera en que él nos ama. Su amor nos envuelve por completo.

Mira, somos humanos. No podemos alcanzar el nivel de amor incondicional que Dios tiene por todos sus hijos. Esto no está pensado para que te dé culpa, sino para que sea una aspiración, una esperanza, un llamado. Se trata de creer en tus posibilidades. No recibes un castigo por no poder vivir a ese nivel de amor. El único fracaso es no intentarlo.

Amar a los desconocidos es difícil. Exponernos y ser vulnerables es aterrador incluso con los amigos y la familia. Por nuestros propios instintos, la mayoría no podemos hacerlo y ni siquiera queremos. Estamos demasiado ocupados, preocupados e inmersos en nuestras propias luchas reales. Pero cuando estamos llenos del amor que Dios nos ha mostrado (¡y elegimos sumergirnos en él!) nos encontramos con amor de sobra para compartir. Un amor así nos llena de una alegría que es difícil de contener. Con la ayuda divina del mismísimo Dios, somos capaces de hacer mucho más de lo que creíamos. Él nos muestra el camino.

En las Naves de Esperanza, los médicos dicen que la curación comienza incluso antes de que se administren los medicamentos o de que se haga una incisión quirúrgica. La curación empieza en la puerta de la clínica, cuando alguien dice hola, los saluda, les da la mano, los mira a los ojos y mira más allá de su deformidad, como si dijera: «Sé que estás ahí. Te veo».

Solemos vernos tentados a apartar la mirada del sufrimiento que nos rodea y es desgarrador pero entendible pensar: *Lo siento, no puedo mirarte.* La enfermera de una Nave de Esperanza respondió entre lágrimas a ese sentimiento: «La gente les dijo eso toda la vida. Alguien tiene que mirarlos a los ojos y decirles: "Eres humano y reconozco eso en ti"».

Cuando sentimos que no podemos hacerlo, que no soportamos acercarnos al sufrimiento, la imperfección y el dolor, intenta imaginar dónde estaríamos si Dios tuviera esa actitud con nosotros. Él nunca lo hace. Él ve más allá de lo que nos hace deformes: nuestro egocentrismo, nuestra mezquindad, nuestra codicia y nuestro engaño. Él pasa por alto nuestros defectos y ve nuestras almas. Él ve nuestros corazones y todo aquello que Él diseñó. Él derrama su amor en abundancia.

Y eso es mayormente lo que nosotros podemos intentar hacer también.

> El Señor (...) tiene misericordia de todas sus obras.
> *Salmos 145:9*

Él pasa por alto nuestros defectos
y ve nuestras almas. Él ve nuestros
corazones y todo aquello que
Él diseñó. Él derrama su amor
en abundancia.

CAPÍTULO 29

COMIENZO

D e vez en cuando, me invitan a dar el discurso en una ceremonia de graduación de estudiantes universitarios. No solo es un privilegio, sino que las universidades suelen otorgar un título honorífico también. (No sé qué se supone que debes hacer con un título honorífico, pero imagino que, como los zapatos, nunca son demasiados, ¿verdad?). Cuando me lo piden, por lo general digo que sí, y luego... de inmediato desearía no haberlo hecho. Es muy intimidante tratar de encontrar un mensaje convincente, significativo y relevante para dar a las personas que están a punto de comenzar sus vidas adultas. ¿Qué querías escuchar del orador de tu graduación? ¿Incluso recuerdas quién habló en tu graduación? Exacto. Solo imagino a esos pobres graduados, cautivos en sus togas y sombreros incómodos, con resaca y bajo el sol de primavera, soñando con una copa de Bloody Mary a media mañana para «curar su resaca», deseando que el orador (de nuevo, ¿quién es esta persona?) termine de una vez... por todas.

O tal vez solo estoy hablando de mí.

En contrapartida, hablar a la próxima generación también es una oportunidad increíble para hacer una pausa y evaluar tu vida, revisar tu experiencia y cosechar lo que has aprendido. Mi querida amiga y colega de *TODAY*, Hoda Kotb, ama escuchar discursos de graduación en su tiempo libre para inspirarse (mientras que el resto de nosotros nos relajamos viendo el programa *The Real Housewives* [Las amas de casa reales]). Ella dice que los mejores oradores dan «todo lo que tienen», toman toda la experiencia y el conocimiento que han acumulado a lo largo de su vida y lo ponen todo ahí. Como si voltearan los bolsillos hacia afuera para encontrar hasta el último centavo, exprimen su vida para sacar hasta la última gota de sabiduría.

Realmente siento lástima por los adultos jóvenes que recién comienzan sus vidas y profesiones. Están en el precipicio con toda su vida por delante; tienen muchas decisiones que tomar. Pero también tienen esa mezcla cargada de emociones de incertidumbre, esperanza, miedo y ambición. Nunca entendí a los adultos de mediana edad que romantizan la juventud. Es decir, claro, me encantaría tener una cara sin arrugas (y algo parecido a abdominales), pero no le desearía las preocupaciones de la juventud ni a mi peor enemigo. Recuerdo mis propios pensamientos confundidos por la ansiedad: ¿Alguna vez conoceré a la persona adecuada y formaré una familia? ¿Alguna vez saldré *de este pueblo y me convertiré en alguien importante?* Dentro de mí ardía algo como ambición, pero yo era insegura, tenía miedo y a veces me quedaba inmóvil, sin saber por dónde empezar.

Así que cuando me paro en el estrado en una ceremonia de graduación, imagino que me estoy hablando a mí misma entre la multitud, a mi yo de veintiún años, la que tenía grandes esperanzas y un gran peinado. ¿Qué me gustaría haberle dicho?

Algo así.

¿Sabes cuantas veces «arruinarás tu vida» o «arruinarás tu carrera»? Bastantes. ¡Ups, lo hiciste otra vez!

Pero eso no intimida a Dios. Él puede lidiar con algunos de tus pasos en falso. De hecho, si le das la oportunidad, te va a deslumbrar la forma en que puede convertir tus errores en algo sorprendente y hermoso.

Cuando a veces me preguntan cómo «llegué hasta aquí», tengo que sonreír. No fue una línea recta. Fue una zigzagueante, punteada, a veces incompleta, con pausas, desvíos y desastres; con comienzos que terminaron demasiado pronto y finales que resultaron ser comienzos.

El principio es un buen punto de partida, tengo que remontarme a mi primer trabajo en un programa de noticias. Nada en mí gritaba: «¡Futura presentadora de *TODAY*!». De hecho, me despidieron de ese primer trabajo a las dos semanas.

Recién acababa de graduarme con mi título en periodismo en la Universidad de Arizona e intentaba conseguir un trabajo en un noticiero. No fue fácil. Había muy pocos trabajos al aire y era la situación clásica, todas las ofertas de empleo pedían a alguien con experiencia ante la cámara. Pero ¿cómo consigues experiencia si no te contratan sin ella? Necesitaba tener un golpe de suerte, alguien que me diera esa primera oportunidad. Pero, a decir verdad, yo no me habría contratado. Para ser objetiva, era terrible. Mi voz sonaba como la de una niña chillona y mi pelo... ni hablemos de mi pelo. Pero después de meses de búsqueda y de enviar currículos por todo el país, conseguí un trabajo en la pequeña ciudad de Butte, Montana, uno de los mercados televisivos más pequeños. Me contrataron por la suma considerable de trece mil dólares al año. Me incorporé a un equipo de redacción de cuatro personas (incluyéndome). Tuve suerte de conseguir ese trabajo, ¡y estaba encantada! Sabía que estaba en el buen camino. Mis amigos me organizaron una gran fiesta de despedida y me dijeron con entusiasmo: «¡Vas a ser la próxima Joan Lunden!».

Salí de mi ciudad natal en Arizona. Era la primera vez que vivía lejos de mi casa. Mi padre murió justo antes de mi último año de secundaria, y mi hermana y yo fuimos a la universidad local. No nos alcanzaba para vivir en la residencia de estudiantes así que vivimos en nuestra casa. Además, ambas sabíamos que teníamos que acompañar a nuestra madre. Mudarme a Butte, Montana, después de graduarme fue un hito en mi vida y en mi carrera profesional.

Guardé todo en mi coche para el viaje de dos días. Mi mamá vino conmigo y me ayudó a encontrar mi primer apartamento, uno pequeño de una habitación en un edificio que aparentemente no habían remodelado desde el auge minero de Butte a finales del siglo XIX. Recuerdo la alegría de ir a Walmart con mi mamá a comprar cosas para acomodar mi apartamento. Todavía recuerdo el juego de vajilla de cuatro piezas con pequeñas flores azules y amarillas que me compró (de hecho, todavía tengo una de las tazas). Estaba emocionada por comenzar mi vida. Mi propio apartamento, una nueva

Dios no se intimida.
Él puede lidiar con algunos
de tus pasos en falso.

---

ciudad y un trabajo real. Me presenté el primer día de trabajo con un bléiser rojo y lista para empezar: «Butte, Montana, he llegado».

Diez días después, cerraron el canal. En serio, se terminó. No me preguntes por qué los jefes no pudieron planear ese recorte presupuestario antes de que gastara hasta el último centavo que tenía para cruzar el país, pero eso fue lo que sucedió. A menos de dos semanas de comenzar mi carrera televisiva, fui despedida.

Fue devastador y humillante. Ahí estaba yo, sentada con las piernas cruzadas en mi cama en ese pequeño apartamento con el radiador ruidoso, llorando por la carrera que había terminado antes de empezar. Recuerdo que pensaba: *Algún día me reiré de esto, pero ese día no es hoy*. Me sentía como si hubiera tocado fondo (y, si mal no recuerdo, sí toqué el fondo de muchos vasos de cerveza). No tenía otro sitio adónde ir más que a casa, de vuelta al dormitorio de mi infancia, de vuelta a los amigos que me habían despedido con tanta esperanza apenas unas semanas antes. El despegue fue un fracaso. Conduje dos días de regreso a casa por Idaho, Utah y Arizona a solas con mis pensamientos. Sentí pena por mí. Me preguntaba si no debería dejar de lado este sueño loco y buscar un trabajo normal en relaciones públicas, como habían hecho muchos de mis amigos.

Pero después de lamerme las heridas durante unas semanas, decidí seguir en el camino. Empecé a buscar trabajo de nuevo, de cero: envié currículos por todo el país e intenté conseguir esa primera gran oportunidad, otra vez. Al cabo de un mes, más o menos, lo conseguí. Y el caso es que esta vez era un trabajo mejor, mucho mejor. Un mercado más grande y una redacción más grande. Incluso un salario mayor (¡quince mil dólares!). Y me di cuenta de que no hubiera conseguido ese trabajo si no hubiera tenido la experiencia, por breve que fuera, de mis diez días de trayectoria en Butte, Montana.

Primera lección: no existen las oportunidades desaprovechadas, no si estás decidido a hacer algo con ellas. Solo sigue adelante.

Segunda lección: tienes que salir de casa. No literalmente, por supuesto. No tienes que emprender tu propia peregrinación de Tucson a Butte, pero tal vez tengas que salir de tu base emocional, de tu zona de comodidad, soltar el timón, ese lugar donde te sientes seguro, donde generalmente tienes razón y pocas veces te desafían. En la comodidad no hay acción ni es ahí donde descubrirás quién eres realmente.

Para descubrir tu propósito, probablemente necesites sentirte incómodo. No sé por qué, pero las temporadas más fructíferas de florecimiento y crecimiento siempre están al otro lado del riesgo, de forma inevitable, luego de una elección audaz. Al borde, esperándote para cuando cruces tu miedo.

Dios también te espera ahí.

Cuando salimos de nuestra zona de comodidad, entramos en nuestra necesidad. Aquí es donde Dios tiene la oportunidad de hacer lo suyo. Sí, él nos muestra de qué estamos hechos, pero también nos muestra de qué está hecho él. Cuando nos apoyamos en él, confiamos en él y esperamos en él, empezamos a conocerlo de una forma completamente nueva.

> En la comodidad no hay acción ni es ahí donde descubrirás quién eres realmente.

Seamos claros. No es que vayas a tener la garantía de que él va a resolver las cosas tal como querías. Se trata de tener la certeza de que él estará ahí para sostenerte y que el salto valdrá la pena, aunque sea solo para aprender de eso.

He dado unos cuantos saltos a lo largo de mi vida. ¿Recuerdas la carrera televisiva de la que acabamos de hablar? ¿La que tanto me costó lanzar? Iba bastante bien. Trabajé durante casi seis años en noticieros locales, salté de un canal a otro más grande y terminé de vuelta en mi ciudad natal presentando las noticias de fin de semana en la filial local de la NBC. Tenía un buen trabajo, un apartamento decente y estaba rodeada de amigos y familia.

Fue entonces cuando decidí dejarlo todo e ir a la Facultad de Derecho (segunda carrera profesional arruinada).

Me mudé al otro lado del país, a Washington D. C., dejando atrás todo lo que conocía.

Avancemos rápido (¿de verdad quieres oír hablar de contratos, estatutos y agravios?). Me gradué de la Facultad de Derecho en Georgetown.

Aprobé el examen final, me volví abogada y trabajé en un gran bufete. Conseguí una pasantía con un prestigioso juez federal. Era el tipo de oportunidad por la que claman los abogados jóvenes, un paso que puede marcar tu carrera profesional y encaminarte hacia un gran éxito jurídico. Solo faltaban unos meses para que me presentara en el juzgado. Mi rumbo estaba listo.

Y entonces tuve una epifanía. Este no era realmente mi sueño. Podría ser el de otra persona, pero no era el mío.

Todos esos años, me daba vergüenza admitir mi ambición, pero de repente, no pude negarlo. Lo que en verdad quería era volver a mis raíces en el periodismo. Seguía soñando con triunfar en los noticieros de televisión, esta vez a nivel nacional. Lo que hice a continuación fue una locura impensable: dejé la pasantía antes de empezar.

(Conteo de carreras arruinadas: tres).

No sé cuánto has oído de estas pasantías, pero nadie le dice que no a un juez federal. Eso no sucede. Fui a reunirme con el juez para renunciar en persona. Nunca olvidaré lo que me preguntó.

—¿Tienes un trabajo?

—No —le dije.

—¿Tienes alguna posibilidad, alguna oferta?

Sacudí la cabeza. No.

—Está bien —dijo, perplejo ante esta lunática en su oficina, probablemente preguntándose qué había visto en mí en primer lugar. Pero trató de salvar la situación y aconsejarme con amabilidad—. Entiendo lo que estás diciendo. Pero ¿por qué no vienes a trabajar para mí un año? Eso va a aumentar tus oportunidades y luego podrás perseguir tus sueños.

Estábamos solos él y yo sentados en el sofá de su solemne despacho. Era el momento de la verdad.

Lo miré y le dije:

—Sé que tiene razón y todo lo que dice tiene sentido. Pero también me conozco y sé que, si no hago esto ahora mismo, nunca volveré a tener las agallas.

Él suspiró, sonrió, me deseó suerte y me acompañó a la puerta. Un gran ser humano.

Era mi momento de la verdad, mi momento de saltar.

Salí de aquel juzgado y me di cuenta de que no tenía... nada. Menos que nada. Había arruinado todo mi futuro legal tan perfectamente planeado. Pero salté de todos modos y, para abreviar, unos meses después encontré trabajo en un canal jurídico. Era el apogeo de los juicios televisados y resulta que Court TV buscaba un corresponsal que fuera abogado y tuviera experiencia en televisión.

En otras palabras, era perfecto para mí. Y así, mis múltiples fracasos profesionales se convirtieron en mi carrera. La visión que tenía para mí comenzó a hacerse realidad.

No estoy aquí para decirte que fue fácil. Fueron meses muy duros. Noches largas dando vueltas en la cama y dudando. No sabía que tendría un final feliz y de eso se trata.

En esta vida tienes que dar un salto una o dos veces. A veces es tu decisión, a veces la vida te empuja desde el borde. Vas a saltar y, a veces, vas a aterrizar bien. Ahí estás, con los pies en el suelo, piernas fuertes, positivo, y miras hacia atrás con una enorme sonrisa en el rostro, la multitud se reúne y te mira con asombro. Te saludan y aplauden, se maravillan de tu genialidad y tu gracia. Acabas de conseguir diez mil millones de «me gusta» en las redes sociales.

Otras veces, más de las que me gustaría contarte, no conseguirás aterrizar bien. Aterrizarás tambaleándote y caerás de rodillas o fallarás, le errarás a la marca y caerás. Hasta el fondo. Tendrás golpes, rasguños, vergüenza y un poco de sangre; y lo que hagas luego es lo que va a determinar todo.

Vas a ascender.

Vas a continuar porque no estás escalando solo. Dios está contigo y te apoya. De hecho, está dispuesto a cargarte si se lo permites. No se me ocurre otra experiencia que nos una más a él y fortalezca más nuestra fe que la de fracasar y tropezar. Así descubrimos que Dios es leal y fiel en todos los sentidos.

Estoy de nuevo en el estrado, con mi bata y mi sombrero tonto sosteniendo mi título falso. Comenzando mi discurso en la ceremonia.

Aquí están, vacié mis bolsillos y estas son las cosas que me gustaría decirle a mi yo más joven.

Incluso nuestras decisiones equivocadas pueden ser redimidas; nunca es el final. Ninguna elección es el final definitivo ni el único principio posible. Sin importar lo que hayas hecho, dentro de lo razonable (y de la ley), por supuesto, nada destruye tu vida o tu carrera de forma irreversible. Puede que simplemente tomes un camino diferente.

Puede que realmente te hayas desviado mucho del camino, que hayas hecho que el viaje sea más duro y tortuoso, pero ese es un gran momento para que Dios brille. Invítalo a entrar en tu caos. La fe es creer que Dios te llevará adonde debes ir, de una forma u otra. No puedes evitar tu propio destino. Él no te lo permitirá.

Dios puede transformar nuestros desastres y fracasos en una cualidad positiva. Los desafíos que afrontamos, los precipicios que escalamos y el peso que cargamos es lo que nos hace dignos y fuertes; lo que nos prepara para la grandeza futura y para nuestros saltos más asombrosos.

¿Por qué la vida tiene que ser así? No lo sé y tú tampoco. Simplemente es así. Así que aprende a hacerte amigo de tus problemas: conviértelos en tus maestros y no en tus torturadores. Imagina que ellos te están rescatando y señalando hacia una dirección diferente, hacia lo que de verdad está destinado para ti.

> Incluso nuestras decisiones equivocadas pueden ser redimidas; nunca es el final.

Esto es lo que sé: tus obstáculos, tus partes rotas, los puntos donde has sanado y las cosas que has superado son la fuente de tu fortaleza y de tu belleza. Llegarás a un momento en el que dirás: «Me alegro tanto de que eso que temía o no deseaba haya sucedido, porque sin eso no sería yo. No hubiera aprendido la compasión ni la empatía. No hubiera conocido la determinación o el coraje que hay dentro de mí».

A través del riesgo y la adversidad Dios se revela a sí mismo y revela nuestro verdadero ser. Nuestro propósito, nuestro significado y nuestro sentido es un camino que no podemos arruinar.

> El corazón del hombre traza su rumbo, pero sus pasos los dirige el Señor.
>
> *Proverbios 16:9*

COMUNIÓN

«Este es el cuerpo de Cristo, que por ustedes es partido… Este es el nuevo pacto en mi sangre».

Esas son las palabras sagradas de la Santa Cena, que se pronuncian semanalmente en iglesias de todo el mundo, en todos los idiomas que te imagines. La frase exacta puede variar según la denominación o la tradición, pero el ritual es el mismo, es la ceremonia que inició Jesús en la Última Cena. He oído versiones de estas palabras cientos o miles de veces. Quizá tú también. Pero hasta hace poco, nunca las había pronunciado yo.

En mi iglesia en la ciudad de Nueva York, como en la mayoría, los voluntarios son imprescindibles. Hay voluntarios que dan la bienvenida, que arman, que desarman, que leen, que colaboran en el área audiovisual y en el coro, así como hay voluntarios que organizan a los voluntarios. Nuestros amados pastores son los líderes de la iglesia, pero los domingos, los miembros hacen que todo funcione.

En nuestros servicios, los feligreses ayudan incluso con la Santa Cena. Aunque había asistido a esta iglesia durante casi una década y a menudo colaboraba para escribir oraciones o una bendición (¡incluso di un «sermón» una o dos veces!), en todos esos años nunca me había ofrecido como voluntaria para la Santa Cena. Quizás me sentía intimidada o indigna; tal vez prefería estar sola en la iglesia, enterrándome en mi propio silo espiritual.

Sin embargo, un día me sentí lista para preguntar: «¿Creen que algún día podría ayudar con la Santa Cena?». La coordinadora de voluntarios, muy eficiente y siempre atenta a cubrir los huecos en el programa, me apuntó de inmediato.

———

El pastor Michael sostiene el plato de pan y yo sostengo la copa. Nos situamos en el centro del santuario, comienza la música y se acercan uno por uno.

Personas de todo tipo, con corazones abiertos y listos para recibir. Toman la hostia y el pastor Michael habla.

«Este es el cuerpo de Cristo, que por ustedes es partido».

Mojan la hostia en la copa de vino. Los miro a los ojos.

«Este es el nuevo pacto en mi sangre».

El ritual se repite una y otra vez. Ellos van pasando. Algunos con confianza y alegría, otros con timidez o con tristeza.

«Este es el cuerpo de Cristo, que por ustedes es partido».
«Este es el cuerpo de Cristo, que por ustedes es partido».
«Este es el cuerpo de Cristo, que por ustedes es partido».

Es una repetición, pero no se siente como algo que se repite de memoria. Al contrario, cada interacción se siente única, cargada de significado: es el momento privado de Dios con cada corazón humano.

¡Qué raro y extraordinario privilegio ser parte de esta bendición y desempeñar este papel en este momento! Mientras observo a la gente que avanza lento, me doy cuenta de que la promesa de rescate de Dios y su gran pacto de redención con la humanidad es algo personal y específico para cada individuo. Me pertenece a mí, a ti y a ellos. En esto, no existe el «otro».

Pero lo más importante es que esto nos pertenece a nosotros.

Comunión.

La propia palabra nos recuerda que el sacramento no está destinado a hacerse en solitario ni en aislamiento. Por definición, es comunitario. Nos encontramos con Dios, pero también nos encontramos los unos con los otros. Lo hacemos juntos porque la promesa es nuestra en conjunto, es un lazo que nos une por toda la eternidad, no solo el domingo por la mañana, es en todas partes y para siempre.

Mirar a nuestro prójimo a los ojos y, por un momento, solo por un instante, imaginar cómo los ve Dios es una experiencia profunda y conmovedora. Él los ve con la mirada de un padre a sus hijos amados.

> ¡Fíjense qué gran amor nos ha dado el Padre, que se nos llame hijos de Dios! ¡Y lo somos!
>
> *1 Juan 3:1*

Y si somos sus hijos, entonces tú y yo también somos hermanos y hermanas. Somos familia.

A veces, este sentimiento de comunidad me invade mucho más allá de las paredes del templo, cuando camino por las calles de mi barrio o viajo en metro. Por un momento, me encuentro lejos la distracción de mi teléfono o de las preocupaciones de mi mundo interior. Entrecierro los ojos mentalmente para fijar mejor la vista e intento ver lo que Dios ve.

Es abrumador. Algunas personas me fascinan, me repelen o directamente me asustan; después de todo, esta es la ciudad de Nueva York. Pero en estos momentos de reflexión, que son menos de los que deberían, me esfuerzo por dejar atrás mis miedos y mis suposiciones superficiales para tomar en cuenta a cada persona de forma individual. Me esfuerzo por verlos a través de los ojos de Dios, como son realmente, cada uno a su imagen. Los contemplo recordando que cada ser humano recorre su propio camino, al igual que yo. Para algunos, este podría ser el mejor día de su vida; quizás se comprometieron, recibieron ese gran ascenso que tanto esperaban o ganaron la lotería (¿por qué siguen viajando en metro?). Para otros, puede ser su peor momento: descubrieron una traición, perdieron un trabajo o les dieron un diagnóstico devastador. Para la mayoría, es probable que sea un martes cualquiera. Sea lo que sea, Dios conoce la intimidad de todos. Sus historias, sus corazones, sus esperanzas, sus aspiraciones, sus dolores y sus agonías secretas.

La promesa de rescate de Dios
y su gran pacto de redención con
la humanidad es algo personal y
específico para cada individuo.

Dios nos conoce hasta los huesos, las células y la médula; somos su amada «creación admirable» (Salmos 139:14). Solo puedo maravillarme porque el modo en que Dios me conoce y la forma intensa en que me cuida es exactamente lo que hace por cada uno de ellos.

> Nuestro Dios es una persona sociable.

Nuestro Dios es una persona sociable.

Honestamente, no sé cómo lo hace. ¿Cómo mantiene Dios su amor por «mil generaciones» (Éxodo 34:7)? Es solo otro misterio insondable, otra pregunta sin respuesta, otra ocasión para ejercitar la fe profunda. Lo hace porque es Dios.

Para nosotros es mucho más difícil, pero eso no significa que no debamos intentarlo.

> Este mandamiento nuevo les doy: que se amen los unos a los otros. Así como yo los he amado, también ustedes deben amarse los unos a los otros.
>
> *Juan 13:34*

Todos somos diferentes. Algunas de nuestras diferencias son interesantes, impresionantes y encantadoras; otras son perturbadoras o alarmantes; otras nos ofenden o nos aterrorizan.

Todo en nuestra cultura moderna parece estar diseñado para recordarnos nuestras diferencias y separarnos aún más. La separación es irresistible. A veces incluso pareciera estar justificada. ¿Se supone que debemos juzgar a los demás? ¡La Biblia dice que no! («No juzguen para que nadie los juzgue a ustedes» [Mateo 7:1]). ¡Y la Biblia dice que sí! («El que es espiritual lo juzga todo» [1 Corintios 2:15]).

Es una pena que incluso esto representa otro punto de diferencia entre nosotros.

Cuando me siento abrumada por estos asuntos, levanto mis manos. No en señal de resignación, sino de súplica. Necesito ayuda y discernimiento, pero, sobre todo, necesito amor. Esto no es algo ambiguo ni es objeto de debate teológico. Independientemente de cómo nos acerquemos a nuestro prójimo, debemos hacerlo con amor. Sin importar nuestras diferencias.

> Deja que Dios sea tan creativo y original con otras
> personas como lo es contigo.[1]
> **Oswald Chambers, *En pos de lo supremo***

Cuando estamos «arraigados y cimentados en amor» (Efesios 3:17), nos fortalecemos, estamos mejor preparados y dispuestos a aceptar las diferencias de los demás. Si confiamos en el juicio de Dios (en su justicia y su misericordia) y en su carácter, podemos esforzarnos por dejar a un lado esa sensación de amenaza, desconfianza o antipatía, y mirarnos unos a otros con amor.

Vamos a seguir discrepando, a veces de manera intensa y con razón; somos humanos. Pero nuestra fe nos llama a entregar a Dios nuestros miedos, preocupaciones y resentimientos para que permanezca el amor. Él lleva el peso de la diferencia para que nosotros podamos estar livianos.

> Hagan brillar su luz delante de todos.
>
> Mateo 5:16

Antes de compartir el pan y la copa, el pastor Michael se toma un momento para recordarnos que este sacramento, la Eucaristía, significa acción de gracias. Nos dice: «Que esta sea la expresión de tu corazón abierto». Luego, leemos la antigua liturgia y declaramos juntos nuestra fe:

GRANDE ES EL MISTERIO DE LA FE.
CRISTO HA MUERTO. CRISTO HA RESUCITADO.
CRISTO VOLVERÁ.
ESTOS SON LOS REGALOS SAGRADOS DE DIOS
PARA EL PUEBLO SANTO DE DIOS.

Un regalo sagrado. Va más allá del pan y del vino. El regalo no es solo la Comunión, sino la comunidad.

Hacemos esta práctica juntos para recordarnos que no estamos solos. No estamos destinados a ser una asamblea de personas independientes y solitarias, cada uno en lo suyo. Debemos ser uno, un pueblo muy diferente en innumerables aspectos, pero unido por el amor que vemos en Dios.

Hagan esto en memoria de mí.

Lucas 22:19

Independientemente

de cómo nos acerquemos

a nuestro prójimo,

debemos hacerlo con amor.

Sin importar nuestras diferencias.

————————————————————————

CAPÍTULO 31

LA ÚLTIMA
PALABRA

U na vez, durante un vuelo largo escuché *Oprah's Master Class* [La clase magistral de Oprah], una serie de varios capítulos en la que figuras consumadas e inspiradoras cuentan la historia de su camino al éxito. Escuchar las trayectorias de personas de la talla de Maya Angelou, Tyler Perry o John Lewis suele ser conmovedor y siempre es inspirador. Las vidas de otras personas pueden ser maestros increíbles.

Oprah relató su camino, contra todo pronóstico, desde sufrir una infancia de pobreza y abusos en Mississippi hasta llegar a las cumbres de la influencia mundial y convertirse en un ícono. No lo estaba escuchando para tomar consejos de la industria de la comunicación, aunque me encantaría tomar un café con ella algún día y aprender a los pies de la maestra (Oprah, ¡llámame!).

Las lecciones que impartía eran más conmovedoras que tácticas, y planteaban preguntas profundas e inquisitivas, típico de Oprah. Pero en esta ocasión, se hizo una pregunta a sí misma. Después de todas las luchas, el éxito y las idas y vueltas a lo largo del camino, se preguntó: ¿Cuál es mi propósito?

Es una pregunta con un potencial profundo.

La pregunta no es «*¿cuál es mi trabajo?*», «*¿cuáles son mis objetivos?*» o «*¿cuál es mi identidad (madre, esposa, hija, amiga, etc.)?*». Y la respuesta no es algo específico o limitado: «estoy aquí para construir casas para los pobres», «estoy aquí para mantener a mi familia» o «estoy aquí para criar buenos seres humanos». Aunque sean cosas dignas o altruistas, no son nuestro propósito. La pregunta es más amplia, más extensa y profunda. ¿Quién soy? ¿Cuáles son las cualidades únicas que Dios me ha dado? ¿Cuál es la mejor forma de usar esos dones mientras estoy en este planeta?

Oprah tenía una buena respuesta (por supuesto). Su propósito, su máxima razón de ser, era «ser una dulce inspiración».[1] Había un conocimiento profundo en su interior que reconoció incluso cuando era niña, la primera vez que habló en la iglesia, una vocación que la llevó y la catapultó.

Lo primero que pensé al oírlo fue: *¡Qué buen propósito! ¿Será que ese también puede ser el mío?* Pero no se puede robar el propósito de vida de otra persona, y menos el de Oprah.

Sé cuál no es mi propósito. No es salir en televisión ni ser famosa; ni siquiera es contar historias importantes (aunque aspiro a ese propósito en el trabajo).

Desde pequeña he sabido que soy una comunicadora y una explicadora. Siempre me imaginé de pie al frente de una sala, adelante de una pizarra o algo así, señalando cosas. Al principio pensé que eso significaba que tal vez iba a ser profesora. Cuando descubrí el periodismo televisivo en la universidad, encajó perfecto con esa visión de mi infancia. Me encantaba contarle las noticias a la gente, me atraían los temas complejos, la política, los casos jurídicos; disfrutaba el desafío de tomar cosas complicadas y reducirlas a términos básicos. Además, me encantaba simplemente... hablar. Más tarde, estudié derecho, y eso también tuvo sentido. Me imaginaba de pie ante un tribunal, argumentando de manera apasionada, dando voz a quienes necesitaban un abogado.

Me gusta hablar y me gusta escribir. Me encanta sentir las palabras en mis labios o en la punta de mis dedos al teclear (tanto que toda mi vida he deseado aprender otro idioma, para tener aún más palabras a mi disposición). Escribir, hablar, convencer, enseñar... Ese es mi verdadero norte.

Sin embargo, a veces (demasiadas) mi lengua ha sido afilada, rápida, áspera, mordaz; inteligente o divertida, pero a costa de otra persona (y, en definitiva, de mí misma). Ponme «un guardia a la puerta de mis labios» (Salmos 141:3), dicen las Escrituras, y nadie necesita esta oración más que yo. Cuando era una adolescente insolente, mi gran boca volvía loco a mi padre. Incluso empezó a llamarme «la última palabra» porque no paraba de hablar en cualquier discusión o conflicto. No podía... simplemente... callarme. Incluso cuando era por mi propio bien, cuando me estaba hundiendo más o cuando ya no tenía sentido. Yo debía tener la última palabra.

Nuestro propósito es algo más que aquello para lo que somos buenos, porque incluso nuestros dones pueden ser utilizados de forma que no demuestren amor. Creo que nos sentimos en sintonía con nosotros mismos y con Dios cuando hacemos aquello en lo que estamos particularmente aptos para algo significativo, al servicio de algo o de alguien más grande que nosotros mismos.

Talentos dados por Dios +
Servir a algo más grande =
_____

Propósito

Dios me ha dado mucho más que una boca grande. Me ha dado una voz. Ha entretejido mi vida en un tapiz sorprendente que nunca hubiera imaginado; es mucho más de lo que merezco, mucho más de lo que jamás hubiera esperado o me hubiera atrevido a soñar. No soy una misionera. Fallo todos los días de forma inevitable, pero las misericordias de Dios son nuevas cada mañana.

> Que encuentres armonía entre tu alma y tu vida.[2]
> **John O'Donohue, *To Bless the Space Between***
> ***Us* [Bendecir el espacio que nos separa]**

Ni siquiera ahora estoy segura de saber cuál es mi propósito. Tal vez cambia a lo largo de las etapas de la vida. En este momento, al escribir esto, creo que es este. Voy a compartirlo contigo, con humildad y temor. Para ser sincera, me aterra lo que puedas pensar.

Se reduce a una palabra. A *esa* palabra, en realidad. Es simple, pero no fácil. Es interesante que sea la palabra que escribo cada día como primera opción en el juego Wordle.[3]

Compartir.

Es una buena palabra para comenzar un Wordle y un mantra para la vida. Una palabra pequeña que es un llamado dinámico y multifacético a la acción.

Compartir lo que se nos ha dado es un acto de fe y confianza en Dios. Esto no se me da de forma natural. Soy temerosa, culposa y preocupada de nacimiento; siempre estoy ansiosa, todo el tiempo, y pienso que va a suceder una desgracia, voy a recibir mi castigo, se va a acabar mi buena suerte o voy a obtener mi merecido. Estos sentimientos no pueden venir de Dios. Si dejamos que persistan, son una ofensa y un voto de desconfianza a Dios. Si tememos perder lo que se nos ha dado y acaparamos lo que tenemos (emocional y espiritualmente), es porque olvidamos que todo es, y siempre ha sido, un regalo de Dios. Todo es pura gracia. El que me tiene me sostendrá hasta el último día.

Dios es capaz de «hacer muchísimo más que todo lo que podamos imaginarnos o pedir» (Efesios 3:20). Fiel a su palabra, él me ha bendecido más allá de lo que pueda comprender y, sin dudas, más de lo que merezco. Pero me he preguntado: «*¿Por qué?*». A veces, la comodidad de mi vida me ha hecho sentir incómoda. Por supuesto, he tenido dificultades, como la mayoría de las personas. Pero mis bendiciones las superan con creces. No tiene sentido para mí, no lo merezco, no me lo he ganado. No es falsa humildad ni modestia, es identificar a Dios como la fuente de todo lo bueno que he experimentado en mi vida. ¿Por qué yo? No hay ninguna razón. Lo único que sé y el único sentido que puedo darle es que Dios no me dio estas bendiciones para que las guarde, las atesore o las almacene para tiempos difíciles, sino para que las comparta, para dar lo que se me ha dado y para contar lo que me han contado.

> El lugar al que Dios te llama es el lugar
> donde se encuentran tu profunda alegría y el
> hambre profunda del mundo.[4]
> **Frederick Buechner, *Wishful Thinking:***
> ***A Seeker's ABC* [Pensamiento ilusorio: El ABC**
> **de un buscador]**

Estoy aquí en este momento para compartir mi voz y mi corazón, para compartir esta verdad, esta única verdad. Es una verdad que necesito oír tanto como contar; que necesito creer tanto como compartir.

Mayormente lo que Dios hace es amarte.

Si podemos creer esto de verdad, ¿qué tan diferentes seríamos? ¿Qué tan diferentes serían nuestras vidas? ¿Qué tan diferente sería nuestro mundo?

Una de las líderes de mi iglesia, Kate Gungor, dio un sermón hermoso en el que habló de cómo una parte clave de nuestra comprensión de Dios está relacionada con la maravilla y el temor, esa sensación de asombro y sorpresa reverente cuando nos encontramos con él. Es el tipo de sentimiento que a menudo nos invade cuando presenciamos y disfrutamos del mundo natural, cuando nuestros ojos contemplan la belleza, las estrellas, los océanos, las flores, las montañas, las galaxias, las notas agudas, las brisas y los dedos del pie de un bebé. Kate leyó una cita de Abraham Joshua Heschel: «El asombro es intuir la solemnidad de todas las cosas, es darse cueta de que las cosas no solo son lo que son, sino que también representan algo supremo, aunque de forma remota. El asombro es un sentido de trascendencia, de que en todos lados hay referencias al misterio que está más allá de todas las cosas».[5]

Mayormente lo que Dios hace
es amarte. Si podemos creer
esto de verdad, ¿qué tan
diferentes seríamos?

_____

Y luego dijo: «La paradoja de la fe es que el amor de Dios que nos hace asombrarnos de él, también se asombra de nosotros… Dios está cautivado por ti».[6]

Ahí está de nuevo.

Mayormente lo que Dios hace es amarnos.

Que el amor tenga la última palabra.

AGRADECIMIENTOS

D e verdad creo en el mantra que suelo compartir con los jóvenes: para hacer cualquier cosa interesante en la vida tendrás que salir de tu zona de comodidad. Con este libro, me vi obligada a seguir mi propio consejo. A ciegas y arriesgándome, no hubiese tenido el valor de embarcarme en este asunto sin la insistencia dulce de tantos años de mi agente literaria, Cait Hoyt, y la sabiduría, la inspiración y los astutos discursos motivacionales de Damon Reiss, quien con mucha amabilidad accedió a salir de su estado de editor retirado solo por mí. Mi gratitud y respeto a Stephanie Newton, Rachel Buller, Meg Schmidt y el equipo completo de W Publishing y Harper Collins Christian Publishing. Gracias a Joel Muddamalle, un teólogo en la vida real, honesto y bondadoso, quien brindó su experiencia con gentileza para revisar este manuscrito. Y, si alguna vez te encuentras intentando algo difícil y te da miedo, espero que tengas a alguien tan entusiasta e incontenible como Hoda Kotb y sus dos pompones gigantes, alentándote hasta la meta.

Realmente no hay nada nuevo bajo el sol (Eclesiastés 1:9) cuando se trata de escribir sobre la fe; todos los pensamientos y observaciones aquí son una amalgama de muchos, muchos maestros espirituales y ejemplos que he amado, admirado y de los que he aprendido a lo largo del camino, de algunos de cerca y de otros a la distancia. Por nombrar solo a algunos: Charley y Nancy Guthrie, Teri Stauffer, Roger Barrier, Anne Burnson, Tom Copps, Eugene Peterson, Beth Moore, Tim Keller, Mark Batterson, Michael Rudzena, David y Kate Gungor, el obispo Ed Gungor, el padre Greg Adolf y Shauna Niequist.

Mi esposo, Michael Feldman, es mi más grande confidente y mi mayor motivador. Este proyecto no hubiese sido posible sin él. Mis hijos son mi razón de ser *y* de escribir. Espero que lean esto algún día. Es mayormente lo que quisiera que ellos sepan acerca del Dios que los ama tanto.

Por último, estoy agradecida por el hogar tan lleno de amor y fe en el que crecí y por las personas que primero me amaron y me formaron: mi mamá, mi papá, mi hermana y mi hermano mayor. Y, por supuesto, «el sexto miembro» de nuestra familia, que comenzó una buena obra en mí y la verá terminada (Filipenses 1:6).

NOTAS

Prólogo

1. Richard P. Feynman. *Seis piezas fáciles: La física explicada por un genio*. Booket, 2015.

Capítulo 3: El mandamiento adicional

1. *SNL*. «Stuart Smalley—Daily Affirmations» [Stuart Smalley: Afirmaciones diarias]. Video de YouTube, 0:47. https://www.youtube.com/watch?v=6ldAQ6Rh5ZI.

2. Dan Burke. «Lectio Divina, A Guide: What It Is & How It Helps Prayer Life» [Lectio Divina, una guía: Qué es y cómo ayuda a la vida de oración]. SpiritualDirection.com, 21 de abril de 2012. https://spiritualdirection.com/2012/04/21/what-is-lectio-divina-and-will-it-help-my-prayer-life-a-guide-to-lectio-divina.

Capítulo 4: Como una madre

1. Elizabeth Stone. «Making the Decision to Have a Child Is Momentous» [Tomar la decisión de tener un hijo es trascendental]. *Human Coalition*, 16 de septiembre de 2023. https://www.humancoalition.org/graphics/making-decision-child-momentous/.

Capítulo 5: Ya estás inmerso en él

1. John Piper. «Who Is the Disciple Jesus Loved?» [¿Quién es el discípulo que Jesús amaba?]. *Desiring God*, episodio 1642, 21 de junio de 2021. https://www.desiringgod.org/interviews/who-is-the-disciple-jesus-loved.
2. Oswald Chambers. *En pos de lo supremo*. Editorial Clie, 2007.

Capítulo 7: El número de teléfono de Dios

1. Susan Braudy. «He's Woody Allen's Not-So-Silent Partner» [Él es la pareja no tan secreta de Woody Allen]. *New York Times*, 21 de agosto de 1977.

Capítulo 8: Él habla nuestro idioma

1. Drew Weisholtz. «Kristin Chenoweth Reflects on Finding 'God's Grace' After Near-Death Accident on TV Set» [Kristin Chenoweth reflexiona sobre la «Gracia de Dios» luego de un accidente en un estudio de televisión que casi le causa la muerte]. *Today*, 7 de abril de 2023. www.today.com/popculture/kristin-chenoweth-reflects-on-faith-rcna78645.
2. Susan Filan a Savannah Guthrie, 17 de marzo de 2017.

Capítulo 10: Orar cuando no puedes

1. Beth Moore. *Toda mi vida hecha nudos*. Tyndale House Publishers, 2023.

2. Shauna Niequist. *I Guess I Haven't Learned That Yet* [Supongo que aún no he aprendido eso]. Zondervan, 2022.

3. Niequist. *I Guess I Haven't Learned That Yet* [Supongo que aún no he aprendido eso].

Capítulo 11: Salmo 23

1. Henry van Dyke. Himno en inglés: «Joyful, Joyful, We Adore Thee» [Con gozo, con gozo, te adoramos]. Hymnary.org, 1907, ingresado el 16 de septiembre de 2023. https://hymnary.org/text/joyful_joyful_we_adore_thee.

2. Eugene Peterson. *Living the Message: Daily Help for Living the God-Centered Life* [Viviendo el mensaje: Ayudas diarias para vivir una vida centrada en Dios]. HarperOne, 1996.

Capítulo 12: Un buen día en el vecindario

1. Micah Fitzerman-Blue y Noah Harpster. *Un buen día en el vecindario*. Script Savant, ingresado el 16 de septiembre de 2023. https://thescriptsavant.com/movies/A_Beautiful_Day_In_The_Neighborhood.pdf [guión original en inglés].

Capítulo 13: Traje de alabanza

1. «Larry King Show—Joni Eareckson Tada Story» [Larry King Show: La historia de Joni Eareckson Tada]. Video de YouTube, 6 de junio de 2009. https://www.youtube.com/watch?v=Foffh-gneRs.

2. «Larry King Show—Joni Eareckson Tada Story» [Larry King Show: La historia de Joni Eareckson Tada].

Capítulo 14: Vuelve tus ojos

1. Rick Warren. *Una vida con propósito*. Editorial Vida, 2012.

2. Helen Lemmel. «Turn Your Eyes upon Jesus» [Vuelve tus ojos a Jesús]. Hymnary.org, 1922, ingresado el 25 de octubre de 2023. https://hymnary.org/text/o_soul_are_you_weary_and_troubled.

Capítulo 16: Creer es hermoso (o la forma de la fe)

1. Bruce Wilkinson. *La oración de Jabes*. Editorial Unilit, 2001.

Capítulo 17: Ir al río

1. William Sheakspeare. *El Mercader de Venecia*. Editorial Anagrama, 2006.

Capítulo 18: Tú nunca fallas

1. Thomas O. Chisholm, traductor: Honorato T. Reza. «Grande es tu fidelidad». Hymnary.org, 1923, ingresado el 16 de septiembre de 2023. https://hymnary.org/text/o_dios_eterno_tu_misericordia
2. Chisholm, traductor: Reza. «Grande es tu fidelidad».

Capítulo 20: Él se sentó

1. Sarah Bessey. «Why I Gave Up Drinking» [Por qué dejé de beber]. *Relevant*, 1 de agosto de 2022. https://relevantmagazine.com/life5/why-i-gave-up-alcohol/.
2. Bessey. «Why I Gave Up Drinking» [Por qué dejé de beber].
3. Bessey. «Why I Gave Up Drinking» [Por qué dejé de beber].

Capítulo 21: Ten misericordia de mí

1. *La misión*, dirigida por Roland Joffé. Columbia Pictures, 1986.
2. *La misión*.
3. N. T. Wright. *Evil and the Justice of God* [La maldad y la justicia de Dios]. InterVarsity Press, 2013.

Capítulo 22: Jesús respondió

1. Letra de la canción «Miracle Drug». Pista 2 del disco de U2: *How to Dismantle an Atomic Bomb* [Cómo desmantelar una bomba atómica]. Island Records, 2004. https://www.u2.com/lyrics/85.

Capítulo 23: La nota nocturna

1. N. T. Wright. *Evil and the Justice of God* [La maldad y la justicia de Dios].

Capítulo 25: ¿Qué hay de Job?

1. Scott Pelley. «Return to Newtown, 4 Years Later» [Regresar a Newton, 4 años después]. *60 Minutes*, 6 de agosto de 2017. https://www.cbsnews.com/news/return-to-newton-ct-sandy-hook-school-shooting-4-years-later-2/.
2. Peter Wehner. «My Friend, Tim Keller» [Mi amigo Tim Keller]. *The Atlantic*, 21 de mayo de 2023. https://www.theatlantic.com/ideas/archive/2023/05/tim-keller/674128/.

Capítulo 26: Envíame a casa

1. Peter Wehner. «My Friend, Tim Keller» [Mi amigo Tim Keller].
2. Matt Smethurst. «50 Quotes from Tim Keller (1950–2023)» [50 frases de Tim Keller]. Gospel Coalition, 19 de mayo de 2023. https://www.thegospelcoalition.org/article/50-quotes-tim-keller/.
3. Michael Gryboski. «Tim Keller's Son Says His Dad Is Being Moved to Hospice at Home, Says He's "Ready to See Jesus"» [El hijo de Tim Keller anuncia que su padre será trasladado a cuidados de hospicio y que está «listo para ver a Jesús»]. *Christian Post*, 18 de mayo de 2023. https://www.christianpost.com/news/tim-kellers-son-says-his-dad-is-being-moved-to-hospice-at-home.html.

4. Gryboski. «Tim Keller's Son Says His Dad Is Being Moved to Hospice at Home, Says He's "Ready to See Jesus"» [El hijo de Tim Keller anuncia que su padre será trasladado a cuidados de hospicio y que está «listo para ver a Jesús»].

Capítulo 27: La fragancia del evangelio

1. «You Give Love a Bad Name» [Le dan mala fama al amor]. Pista 2 del disco de Bon Jovi: *Slippery When Wet*. Universal, 1986.
2. Glenn Stanton. «FactChecker: Misquoting Francis of Assisi» [Verificador de hechos: Citas erróneas de San Francisco de Asís]. Gospel Coalition, 10 de julio de 2012. https://www.thegospelcoalition.org/article/factchecker-misquoting-francis-of-assisi/.

Capítulo 30: Comunión

1. Oswald Chambers. *En pos de lo supremo*. Editorial Clie, 2007.

Capítulo 31: La última palabra

1. Oprah Winfrey. *Oprah's Master Class*. OWN TV, (c) Harpo, Inc. https://www.oprah.com/app/master-class.html.
2. John O'Donohue. *To Bless the Space Between Us: A Book of Blessings* [Bendecir el espacio que nos separa]. Doubleday, 2008.
3. Wordle. *New York Times*. https://www.nytimes.com/games/wordle/.
4. Frederick Buechner. *Wishful Thinking: A Seeker's* ABC [Pensamiento ilusorio: El ABC de un buscador]. HarperOne, 1993.
5. Abraham Joshua Heschel. *I Asked for Wonder: A Spiritual Anthology* [Pedí una maravilla: Una antología espiritual], ed. Samuel H. Dresner. Crossroad Publishing, 1983.

6. Good Shepherd Church. «Good Shepherd New York -6.11.23». Video de YouTube, 11 de junio de 2023, 39:53. https://www. youtube.com/watch?v=a66Ugx2U-XQ.

ACERCA DE LA AUTORA

S avannah Guthrie es la copresentadora del programa de NBC News *TODAY Show* y la principal corresponsal de asuntos legales de NBC News. Además, es la presentadora principal de la cobertura electoral y de eventos especiales de esa cadena. Fue corresponsal de la Casa Blanca, ha sido presentadora de debates, asambleas municipales y ha conducido gran cantidad de entrevistas exclusivas de primera línea, desde presidentes y primeros ministros a algunas de las figuras más reconocidas a nivel mundial. Savannah ha recibido premios Emmy, Murrow y Peabody, y ha sido introducida en el salón de la fama de la revista *Broadcasting and Cable* en 2022. Está graduada de la Universidad de Arizona y de Georgetown Law. Es autora del éxito de ventas del *New York Times*, la serie de libros para niños Princesses Wear Pants [Las princesas usan pantalones]. Es productora ejecutiva del programa de Netflix *Poder de princesas*, que está basado en los libros.

Savannah ha estado casada con el consultor de comunicaciones Michael Feldman desde 2014 y la pareja tiene una hija, Vale, y un hijo, Charley. Ella es embajadora de la organización Best Buddies, que ayuda a individuos con discapacidades intelectuales, y embajadora de los Héroes Escondidos de Elizabeth Dole Foundation, una campaña para cuidadores del ejército. En su tiempo libre, disfruta de incursionar en el tenis, el pickleball, el piano, la guitarra y también de hacer frente a su constante déficit de sueño. Asiste a la iglesia Good Shepherd en Manhattan.